現場・職場・組織を変える

なぜなぜ分析
活用術

全員で取り組む原因追究の強化書

小倉仁志

日科技連

は じ め に

　人間、そして人間が作った手順、業務、組織は、すべて不完全だ。完全なものはどこにもない。どんなに一所懸命頑張ったとしても、不完全という名の落とし穴に不完全な人間がはまってしまう。それを、失敗という。

　失敗したということは、どこかに必ず落とし穴があるはずだ。私たち自身も企業も、進化するためには、その不完全の穴を塞いでいかなければならない。では、どうやって落とし穴を見つけたらよいのか。

　本書は、失敗につながった不完全な穴、いわゆる改善すべき問題を見つけるには、どのように進めていけばよいのか、どんなことに注意しなければならないのか、をまとめたものである。

　筆者は長年にわたり、「失敗に対する原因追究の進め方」について、さまざまな企業での実践指導を通じて研究してきた。その中で、原因追究のツールである「いきさつフロー図」「なぜなぜ分析」そして「なぜなぜ分析10則」を考案してきた。

　失敗につながった不完全という名の落とし穴、いわゆる改善すべき問題を見つけるには、どのように進めていけばよいのか、どんなことに注意しなければならないのか。失敗の原因追究の集大成としてこれらの要素をまとめ、提唱・解説しているのが本書である。

　今や、多くの企業で失敗の原因追究のときに活用される定番ツールとなった「なぜなぜ分析」。「なぜ、失敗したの？」の問いに対して、「こうだったから」と答えたとしても、それで終わりではない。さらに「では、なぜそうなったの？」。答えるたびに、「なぜ？」の問いに答えていく。このように、「なぜ？」の繰り返しに答えていく、すなわち理詰めで考えていくのが「なぜなぜ分析」だ。

はじめに

　なぜなぜ分析の歴史的経緯と筆者の活動について、簡単にまとめる。

　「なぜなぜ分析」自体は、1997年に国内初の解説書である拙著『なぜなぜ分析徹底活用術』(JIPMソリューション、1997年)が発刊されたところから始まった。

　その後、現在までの30年近くにわたって、筆者は「なぜなぜ分析」のルール化・体系化、そして原因追究の進め方について、さまざまな業種・多くの企業における実践指導をもとに検討を重ねてきた。

　初めのころ、1990年代は、設備の故障や製品不良について「なぜなぜ分析」に取り組んでいた。4年ぐらいかけて、よくある設備の故障や製品不良についての「なぜなぜ分析」のパターン化をほぼ完成させ、『なぜなぜ分析実践指南』(JIPMソリューション、2000年)にまとめた。このとき、これでなぜなぜ分析に関する自分の仕事は終わった、と思っていた。

　その数年後の2003年ごろに、今度は人為ミスに注目が集まり、失敗に対する原因追究の要望が高まってきた。そこで、失敗(人為ミス)に対する原因追究の要望に応えようと、失敗の「なぜなぜ分析」に取り組んだ。

　2009年には、失敗の原因追究の考え方・進め方と、「なぜ」を考えるときの10のポイントをまとめた『なぜなぜ分析10則』(日科技連出版社)を執筆。続く2010年には、『日経情報ストラテジー』誌(日経BP)に連載したものをまとめた『なぜなぜ分析実践編』(日経BP)と、立て続けに「なぜなぜ分析」について執筆する機会をいただいた。

　失敗の原因追究に取り組み始めてから20年ほど経ち、2009年ごろと比べると、筆者の指導内容も時代とともに進化した。失敗の原因追究は、設備の故障の原因追究とは異なる考え方・進め方が必要であることもわかった。特に、失敗(人為ミス)の原因追究において「なぜなぜ分析」をうまく活用するには、失敗に至ったいきさつを見える化した「いきさつフロー図」が欠かせなくなった。この「いきさつフロー図」も筆者なりに考えたものだ。

4

はじめに

　それに伴い、2009年に発表した「なぜなぜ分析10則」も、中身の見直しが必要になってきた。

　そこで、20年以上にわたって、筆者が取り組んできた失敗の原因追究の集大成として、本書を執筆しようと思い立った。それに合わせて、2009年に発表した「なぜなぜ分析10則」を再構成し、「新なぜなぜ分析10則」とすることとした。

　本書は、失敗の原因追究をやったことがない人や「なぜなぜ分析」を知らない人でも、さらには既存の「なぜなぜ分析」のテキストを読んだことがない人でもわかるように解説した。

　これから失敗の原因追究をやろうとしている人、すでに失敗の原因追究を実施している人、そんな人たちに少しでも参考になれば幸いである。

　最後に、この場を借りて、日ごろコンサルティングや社内教育で大変お世話になっている企業の皆様、および本書の編集にご尽力いただいた石田新様に、心より感謝申し上げます。

　2025年3月

有限会社マネジメント・ダイナミクス　社長

小倉　仁志

目　　次

はじめに　*3*

第 1 章　「なぜ？」を繰り返して、失敗を掘り下げる　*11*

「なぜ？」の答えを決めつけるのはやめよう　*12*

「なぜ」を考えるときの重要ポイントは、「時間」「表現」「目的」にある

14

失敗は、進化が求められている証　*15*

第 2 章　「なぜ？」を考える前にやるべき 5 つのステップ　*17*

ステップ 1　原因追究する事象を決める　*19*

原因追究は最後の結果（顕在化した状態）から始める　*19*

顕在化したトラブルと、その後の対応ミスによるトラブルは分ける　*22*

類似の失敗はひとまとめにせず、1 つに絞って考える　*23*

ステップ 2　事象を的確に表現する　*25*

事象を文で表現する　*25*

臆測が入り交じる言葉には要注意　*26*

キーワードを入れて、事象を文で表現する　*26*

ステップ 3　調査する前に、目的と調査範囲をはっきりさせる　*28*

目的を文で書く　*29*

調査範囲を改善範囲として決める　*30*

目　　次

ステップ４　前提をしっかりつかむために図を描く　*32*
図を描いて、情報を出しやすい雰囲気をつくる　*32*
配置図で現場の状況をつかむ　*33*
「体制図」と「いきさつフロー図」で、失敗の全貌をつかむ　*38*
計画と実績の差を図で示す　*49*

ステップ５　前提条件を整理して、範囲を絞り込む　*50*
背景をしっかりつかんで、的外れな議論を避ける　*50*

第３章　「なぜ？」を繰り返すときの新なぜなぜ分析１０則
57

時点を踏まえて「なぜ」を繰り返す　*58*
的確な「表現」が、的確な「なぜ」を導く　*61*
「目的」は、改善策を出すこと　*63*

第１則　「事象」や「なぜ」は、１コマ表現にする　*64*
１コマにすることで、複数の問題を出しやすくする　*64*
１コマずつにすることで、筋の通らない「なぜ」を排除する　*67*

第２則　初めの「なぜ」は、「そもそも」で考える　*71*
思いつくままに「なぜ」を考えてはいけない　*71*
「そもそも」で「なぜ１」を考えると、見落としがなくなる　*72*

第３則　逆読みしても、筋が通るようにする　*80*
「なぜ」を逆方向に読み返すと、筋違い（理屈が合わない）がよくわかる　*80*
表現のよし悪しが「なぜ」の筋を左右する　*86*

目　　次

第４則　並列の問題を見逃さない　*88*

「きっかけ」と「対処」で考える　*88*

段階ごとに考える　*89*

見方を変える　*92*

文を分解して考える　*96*

第５則　「なぜ」には問題を書く　*101*

背景と問題を区別する　*101*

背景と矛盾する行為は、背景を加えて表現する　*106*

第６則　「なぜ」には絵が浮かぶ文を書く　*109*

雑な表現が誤った思考を誘う　*109*

絵が浮かぶよう、キーワードを入れる　*111*

時点と主体をはっきりさせる　*113*

修飾語を入れて、状態をしっかりとらえる　*117*

グラフ化できる表現にする　*120*

比較の対象をはっきりさせる　*121*

表現のあいまいさを絵で補う　*122*

第７則　やらなかったミスなのか、間違えたミスなのか　*124*

心情面には「なぜ」で踏み込まない　*124*

「やらなくて失敗した」パターンと「やって失敗した」パターン　*125*

「やって失敗した」場合は、間違いの種類を特定する　*133*

「あいまいさ」「まぎらわしさ」「気づきづらさ」が「間違い」を引き起こす

135

第８則　仮説を立てるときは、検証しながら進める　*139*

事実関係が不明な場合は、仮説と検証を繰り返しながら進める　*139*

9

目　　次

　　仮説を立てる場合は、検証できる表現にする　*139*

第9則　改善につながる「なぜ」が出てくるまで繰り返す　*141*
　　どんなときでも誰がやっても確実にできるようにする　*141*
　　改善には、担当者と管理職の観点がある　*143*

第10則　主観が入る手前で「なぜ」を止める　*150*
　　「なぜ」をどこで止めたらよいか　*150*

第4章　失敗の原因追究で忘れがちな大事なこと　*155*
　　1人で原因追究しても、よいアイデアは出ない　*156*
　　原因追究時のメンバー編成で大事なこと　*156*
　　読み上げチェックで総仕上げ　*158*
　　改善案を評価して、実施の可否を決める　*158*
　　人と機械の原因追究の違い　*161*

第5章　事例で再確認！　原因追究の進め方となぜなぜ分析の　ポイント　*163*

　　おわりに　*171*
　　主な関連文献　*173*

第 1 章

「なぜ？」を繰り返して、失敗を掘り下げる

第1章 「なぜ？」を繰り返して、失敗を掘り下げる

「なぜ？」の答えを決めつけるのはやめよう

　今日もどこかで失敗が起きている。「なぜ失敗したんだ？」の問いに、失敗の当事者は答える。「〜だったから」と当事者が答えると、さらに問いかけられる。「なぜ、〜だったのか？」
　何か答えるたびに「それは、なぜ？」と、繰り返していくのが「なぜなぜ分析」だ。だが、この単純さが、かえって誤った改善を誘導してしまうことも少なくない。

　ある朝の親子の会話。
　子供がテーブルの上に置かれていたコップをひっくり返し、中に入っていたジュースがテーブルだけでなく、床までこぼれてしまった。
　それを見た母親が、
「なんで、ジュースをこぼしたの？」
　子供は目線を落としたまま、答えない。母親がしびれを切らして、
「ちゃんと見ていなかったから、じゃないの？」
　子供が無言でうなずく。さらに、母親が畳みかける。
「じゃあ、なんでよく見ていなかったの？」
　母親の考えていることを察してか、恐る恐る子供が答える。
「テレビを見ながら飲んでいたから、かな？」

　上記の親子の会話をなぜなぜ分析に置き換えると、以下のようになる。果たして、的確な改善策が出てくるのだろうか。このままでは、コップの置かれた位置やコップそのものの形状の改善にたどり着くことは難しい。

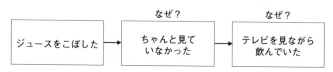

「なぜ？」の答えを決めつけるのはやめよう

　思いつきで「なぜ」を繰り返すのではなく、物事を的確に捉えて、論理的に「なぜ」を考えていくのが、なぜなぜ分析なのだ。単純そうに見えて、そう単純ではない。
　上記の「なぜ」の繰り返しを修正すると、以下のようになる。

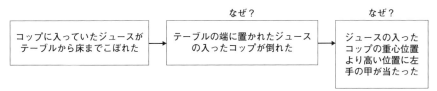

　会話の中の「なぜ」の繰り返しは、失敗した本人が出したものではなく、母親が答えを誘導している。きっと母親は、「飲むのか、テレビを見るのか、どっちかにしなさい」とでも言いたいのだろう。
　実は、多くの企業で、上記と同じように、失敗した本人の考えではなく、誰かが決めつけたような原因追究が後を絶たない。その結果、誰かに押しつけられたような対策が導かれてしまい、その対策が継続されることは、まずない。

　「なぜ」を繰り返すという考え方は、1970年代に、KJ法（川喜田二郎氏が考案した、情報・アイデアを効率的に整理する目的で用いられる発想法）から発展した。その後、「なぜ3回運動」に続き、「なぜなぜ5回」と進展してきたが、いずれにしても原因を探るときには「なぜ」を繰り返して「真因」を導きなさい、と私たちは言い聞かされてきた。
　だが、一体どうやって「なぜ」を繰り返すのか、そして「真因」とは何か。これらについて、しっかりとした説明がないことから、多くの人は「なぜ」を繰り返すことに悩まされてきた。どうすればよいのかわからないまま、とりあえず頭に思い浮かんだことをそのまま出してしまう。結局、つじつまの合わない説明になってしまったり、失敗の当事者が納得するような答えを導けなかったりする。

　本書は、「なぜ」の問いに対して的確な答えを出すための勘所を「新なぜな

13

第 1 章 「なぜ？」を繰り返して、失敗を掘り下げる

ぜ分析 10 則」という形にまとめるだけでなく、「なぜ」を考える前の準備段階
や失敗の改善策も含めて、そもそも失敗の原因追究はどうやって進めたらよい
のか、についてまとめたものである。

「なぜ」を考えるときの重要ポイントは「時間」「表現」「目的」にある

　人の失敗について「なぜ」を考えるときに、絶対外せない重要なポイントがある。それは、「時間」と「表現」、そして「目的」だ。

　まずは、「時間」について。
　人の失敗は時間軸で考えなければならない。ドラマの中では、刑事たちが時間軸を丁寧にさかのぼりながら真犯人を突き止めていくが、ドラマ自体が時間軸をさかのぼるように構成されているので、時間軸がはっきりしている。
　実際に起きた失敗の原因追究も、ドラマの中の刑事たちと同じように、時間軸をさかのぼりながら考えていかなければならない。時間軸がいい加減だと、何がどの時点の話なのか不明確になり、欲しい答えも出てこない。

　次は、「表現」の話。
　多くの人が意外と気づいていないのは、私たちの思考は表現に左右されてしまうということ。あいまいな表現や意味がいくつもあるような言葉を使うと、思考が迷走したり、いい加減な答えになったり、いつもの答えしか出てこなかったり、になる。
　専門的な話で、しかも技術的に単純な問題の場合には、専門用語を使えば、表現に多少の誤りがあっても、ある程度は適切に考えることができる。だが、人の失敗の話になると、日常使っている言葉を使って表現しなければならない。技術的に複雑な問題や人の失敗について考えるときには、まさに表現力が問われる。

14

3つ目は、「目的」だ。

「なぜ」を繰り返して真因を導く、というフレーズをあちこちで見聞きする。実は、人によって「真因」の解釈がバラバラだ。解釈がバラバラだから、「なぜ」を繰り返して導く最終地点がバラバラなのは当然だ。

解釈がはっきりしない「真因」という言葉に振り回されるのではなく、原因追究の前に皆が納得する目的を掲げることが大事なのだ。

失敗は、進化が求められている証

今日もどこかで、「あー、やっちゃった」という声に続いて、「誰がやったんだ！」「誰のせいなんだ！」という声が聞こえてくる。時には、失敗した人を責めるような声も割り込んでくる。今までは成功していたのに、なぜ今回は失敗したのか。「仕事に慣れてきたから」「過信していたから」「危機意識が足りないから」といった、精神的な話を持ち出す人も少なくない。

個人技が決め手になるスポーツ競技だったら、限界ギリギリのところで戦っているので、そういった精神的なことが失敗につながることもあるだろう。だが、私たちが仕事の中での失敗の要因を考えるときに、果たして精神的なことまで取り上げるべきなのか。スポーツであれば試合時間は決まっているので、その間はある程度神経を集中させることはできるかもしれないが、仕事時間はもっと長い。長時間、神経を集中して仕事することは不可能だ。

まして、どんなにまじめな人でも、どんなにベテランの人であろうとも、失敗しない人はいない。失敗したのは、仕事の中に何かしらの隠れた落とし穴、いわゆる不完全な部分があったから、と考えるべきだ。

失敗とは、一連の仕事の中に不完全な部分があり、それに引っかかってしまったことである。人はもともと不完全である。ということは、不完全な人が関わったとしても、失敗しないように仕事を進化させていくとともに、自分自

第1章 「なぜ?」を繰り返して、失敗を掘り下げる

身も進化していくことが、私たちに課せられた使命なのだ。

　失敗は進化が求められている証である。スポーツと同様に、目の前の失敗について、前向きに、そして積極的に取り組む人ほど、少しずつでも着実に進化していくことは間違いない。

　忘れてはならないことが一つある。下手な原因追究や「なぜ」の繰り返しは、ニュースでよく取り上げられる医療過誤と同じ結果をもたらす。効き目のない、的外れな改善策は、当事者や関係者に無意味な負担を負わせてしまうことになる。作業や業務、組織のことをよくわかっている人が、当事者、関係者と一緒になって原因を考えることこそが、失敗に対する適切な改善策を導くことができる、ということを忘れないでほしい。

　だからといって、管理職が入ればそれでよし、というものでもない。作業や業務、組織のことをよくわかっているかどうか怪しい管理職も少なくないからだ。管理職には、現場の失敗を現場の人たちと一緒になって、失敗の原因を考えながら、管理職として業務や組織のあり方を考えてほしい。

　くれぐれも、

- わかっているつもりになって仕事や業務の内容をしっかり把握していない
- 感情的になって目の前の問題点を見逃している
- とりあえずやりました、と言わんばかりの形式的な原因追究になっている
- 取ってつけたような対策を導いて終わりにしている
- 管理職の観点での改善策がない

といった原因追究にならないようにしよう。結果的に、組織にとって悲劇にしかならないからだ。

第2章

「なぜ？」を考える前に
やるべき5つのステップ

第 2 章　「なぜ？」を考える前にやるべき 5 つのステップ

いきなり「なぜ、失敗したのか？」と考える人が少なくない。何事も始める前の段取りが大事だ。抜け目のないよう「なぜ？」を考えるには、事前の準備が欠かせない。

「なぜ？」を考える前に重要なことは、

① 　原因追究する事象に誤りのないこと
② 　調査漏れのないこと

この 2 つは、なぜなぜ分析の実施の有無に関わらず、原因追究ではとても大事なことだ。上記の 2 つを満たす「なぜ」を考える前の 5 つのステップを、以下に述べる。

ステップ1　原因追究する事象を決める

ステップ1　原因追究する事象を決める

原因追究は最後の結果（顕在化した状態）から始める

「原因追究は最後の結果（顕在化した状態）から始める」は、当たり前のことのように思えるが、実は人によって考え方がバラバラだ。以下のケースの場合、どの時点のどのような事象を原因追究したらよいだろうか。例えば、ネット販売のホームページを作成していた一郎さんの話で考えてみよう。

　いつものように、ページのデザインを考えながら、掲載すべき複数の商品の写真をページに配置していく。掲載した商品それぞれの金額は、該当する商品の写真の真下に入力していく。
　具体的には、サーバーに保管されている商品リストを取り出し、該当する商品名を見つけて、商品名の真横に記載されている金額を見て、ページに配置した商品の写真の下にその金額を手入力する。
　商品リストはExcelで作成されたもので、そこには商品の写真はなく、商品名とその金額がずらりと並んでいるだけ。ページに掲載された商品写真の順番とリストの順番は、必ずしも一致していない。
　また、商品の中には、非常に似た名前の商品があるので、注意しなければならない。

　この日は、掲載することがめったにない「TOKYO　SYNAGY（シナジー）」という商品の写真を掲載する日だった。「TOKYO　SYNAGY」の写真をページに配置した後、商品リストから「TOKYO　SYNAGY」の金額を探して、ページの商品写真の真下に手入力した。
　このとき、本来は「TOKYO　SYNAGY」の金額を入力しなければな

19

第 2 章 「なぜ？」を考える前にやるべき 5 つのステップ

らなかったが、一郎さんは誤って「TOKYO　SUNAGY(スナジー)」の
金額を入力してしまった。「TOKYO　SYNAGY(シナジー)」の価格は、
10,000 円だが、「TOKYO　SUNAGY(スナジー)」は 1,000 円だった。

　つまり、本来は「TOKYO　SYNAGY(シナジー)」の写真の下には、
10,000 円と記載されていなければならないところ、実際は 1,000 円になっ
ていた。

　掲載された商品の写真の下に金額を入力した後、一郎さんは入力内容に
誤りがないか一通りチェックした。だが、一郎さんは「TOKYO
SYNAGY」の金額の誤りに気づかなかった。

　その後、一郎さんは作成したページの中身をリーダーにチェックしても
らった。リーダーから OK サインが出たので、一郎さんは早々に作成した
ページを自社サイトに公開した。

　公開すると同時に、通常より 1 ケタ安い金額で販売されていることを見
つけた顧客から次々に注文が入ってきた。思わぬ大量注文に一郎さんたち
が興奮するのも束の間、自社からの自動返信メールを受信した多くの顧客
から、サイトに掲載されている金額と返信メールに記載されていた支払金
額が異なっていると、クレームのメールが続々と入ってきた。

　ページに記載されていた金額の誤りに気づいた自社は、公開して 1 時間
も立たないうちに、金額の誤りについての謝罪記事をホームページに掲載
するとともに、誤りのあったページを一旦非公開にした。

さて、この事例では、どの時点の、何を原因追究したらよいかというと、

- 最後の結果(顕在化した状態)であり、一番よくないことを原因追究する事
  象とする

ステップ1　原因追究する事象を決める

と考えればよい。つまり、

「一郎さんは『TOKYO　SYNAGY』の金額を 10,000 円ではなく、1,000 円
と入力した」

を原因追究するのではなく、最後の結果である、

「『TOKYO　SYNAGY』の金額が 10,000 円ではなく、1,000 円になっていた」
あるいは、以下を原因追究の事象とする。

「『TOKYO　SYNAGY（シナジー）』の金額が、『TOKYO　SUNAGY（スナ
ジー）』の金額になっていた」

なぜ、最後の結果であり、一番よくないことを原因追究する事象とするの
か。もし、いきさつの途中の「一郎さんは『TOKYO　SYNAGY』の金額を
10,000 円ではなく、1,000 円と入力した」を、原因追究する事象として選んで
しまうと、その時点より過去の問題は取り上げられるが、それ以降の問題、具
体的には、「リーダーが誤りを見逃した」といった問題は原因追究の対象から
外されてしまうからだ。

　ただ、失敗したとしても時間をあまり置かずに、失敗した本人、あるいは他
の人がその失敗に気づいた場合は、気づいたときの状態ではなく、失敗した行
為を事象とする。もし、10,000 円ではなく、1,000 円を入力した後、一郎さん
自身が誤りに気づいた場合には、

「一郎さんは『TOKYO　SYNAGY』の金額を 10,000 円ではなく、1,000 円
と入力した」

を原因追究の事象とする。

　同様に、ケガの事例で考えてみよう。太郎さんが石につまずいて転んだ際
に、道のわきにあった障害物に左足をぶつけて左足のすねを骨折した場合は、
最後の結果（顕在化した状態）である「太郎さんが左足のすねを骨折した」を原
因追究の事象とする。一方、転んでもケガをしなかった場合は、転んだことを
最後の結果として、原因追究する事象とする。

21

第 2 章　「なぜ？」を考える前にやるべき 5 つのステップ

　失敗の原因追究では、失敗に関わる問題と改善策をすべて導き出すことが求められる。このことから、基本的には、最後の結果（顕在化した状態）を原因追究する事象とすることで、すべての問題と改善策を出せるようにする。

顕在化したトラブルと、その後の対応ミスによるトラブルは分ける

　人の失敗によってトラブルが発生しただけでなく、その後の対応ミスによって発生した新たなトラブルも重なり、相手に多大なる迷惑をかけてしまうことがある。最後の結果は、対応ミスによる新たなトラブルだ。この場合、対応ミスによる新たなトラブルから、初めに発生した人の失敗にまでさかのぼって原因追究していくことは可能だ。

　ただ、調べる対象や対策の観点が異なることから、2 つのトラブルを一緒に原因追究するのではなく、2 つに分けて原因追究するほうがやりやすい。原因追究の目的も異なるからだ。

　例えば、あるところから火が出て、消火するのに時間がかかったとする。「火が出た」事象について原因追究する目的は、今後火が出ないようにすること、になる。もう一方の「消火するのに時間がかかった」事象は、たとえ火が出たとしても、消火にかかる時間を短くすることを目的として原因追究する。

　目的が異なるということは、原因追究に取り組むメンバーも変わる。以下のケースで、具体的に考えてみよう。

　休日の午後、太郎さんはついテレビに見入ってしまい、雨が降ってきたことに気づかず、外に干していた洗濯物がずぶ濡れになってしまった。
　雨に気づいた太郎さんは、慌てて外に置きっぱなしになっていたサンダルを履いて外に出て、干していた洗濯物を取り込もうとした。
　いくつかの洗濯物を取り込んだときに、履いていたサンダル内で足がず

ステップ1　原因追究する事象を決める

> れてよろけてしまい、近くにあった柱の角に頭をぶつけてしまった。
>
> 　結果、太郎さんの頭皮が切れてしまった。

　上記のケースの場合、最後の結果（顕在化した状態）は「太郎さんの頭皮が切れてしまった」だが、そもそも「洗濯物が濡れてしまった」と「太郎さんの頭皮が切れてしまった」は、原因追究する目的が異なる。

　「洗濯物が濡れてしまった」を原因追究する目的は、次回からは洗濯物が雨で濡れないようにすることになる。もう一方の「太郎さんの頭皮が切れてしまった」は、たとえ雨の中で洗濯物を取り込もうとしてもケガしないようにすることが、原因追究の目的になる。

　上記のように、調査の対象範囲が1時間以内といった狭い範囲、あるいは原因追究するメンバーがまったく同じであれば、最後の結果である「太郎さんの頭皮が切れてしまった」ところから原因を探っていき、頭皮が切れたことと、洗濯物が濡れてしまったこと、それぞれについて改善策を出すことは可能だ。

　一方、調べる時間の範囲が長時間・長期間になるほど、また原因追究するメンバーが事象ごとに異なる場合には、顕在化したトラブル事象と、そのトラブルの処置・対応ミスによる事象は分けて取り組む。そのほうが、限られた時間の中で原因追究しなければならない人たちにとって取り組みやすい。

類似の失敗はひとまとめにせず、1つに絞って考える

　複数の類似の失敗をひとまとめにして、それらの共通点を拾い上げて原因追究しているのをよく見かける。類似の失敗とはいえ、それぞれ関わった人が違うし、状況も異なる。それでも、あえて複数の類似の失敗について原因を探ろうとするならば、一つひとつの失敗に関わる情報を、細部に至るまで漏れなく集めなければならない。

　だが、多くの場合、状況を大雑把にしか把握せず、そのまま原因追究に入っ

23

第2章 「なぜ？」を考える前にやるべき5つのステップ

てしまう。そうなると、どこにでもあるような一般的な対策しか出てこなくなる。複数の失敗について原因追究する場合は、その複数の失敗の中から正確な情報が取れるものを1つだけ選ぶ。1つに絞るので、誰が関わって、どんな状況だったのか、時点ごとに正確な情報を集めやすい。情報が集まれば集まるほど、的確な原因追究ができ、適切な改善策も導きやすくなる。

　例えば、ある仕事で1年間に「記載ミス」が多く発生したとしよう。「記載ミス」といってもさまざまだ。にも関わらず、記載ミスをひとまとめにして、「なぜ、記載ミスが多いのか」といった議論を始めてしまうのを多く見かける。結果、大雑把な議論に終始し、システムが悪いだの、人が足りないだの、といった大雑把な結論になってしまう。

　こんな場合には、複数の「記載ミス」の中から1件の「記載ミス」を選んで、その1件を徹底的に調査し、原因追究する。こうすることで、的確な改善策を導き出すことができる。

　こんなことをいうと、類似の失敗から1つだけ選んで原因追究したとしても、その1件分だけの改善にしかならないのでは、と思う人がいるかもしれない。だが、実際は違う。類似の失敗の中から1件だけ選び、その1件を徹底的に調べたうえで原因を探っていくと、他の類似の失敗にも通用するような改善策を導けることが少なくない。まさに、「一を聞いて十を知る」ならぬ「一を知って十を知る」だ。的確な改善策を出したいのであれば、複数の失敗をひとまとめにしての原因追究は避けるべきだ。

　ところで、人の失敗以外にも、ある作業にいつも時間がかかりすぎている、有給休暇の取得率が他の職場に比べて低い、といったさまざまな問題を企業は抱えている。ある作業に時間がかかっているのであれば、日時と人を限定し、ある日・ある人の作業を徹底的に調査する。有給休暇の取得率の話であれば、取得率が低い人を1人選び、過去1年間の有給休暇の取得状況を調べる。1つに絞ることで、より的確で、すぐできる改善策を導くことができる。

24

ステップ2　事象を的確に表現する

事象を文で表現する

　事象を表現するときに非常に多いミスは、原因追究する事象を、
「入力ミス」
といった単語で表現してしまうケース(「表示金額の入力ミス」といった体言止めも含む)だ。論理的に物事を考えようとするときに、単語というのは厄介だ。「入力ミス」では、ミスの中身が不明なだけではなく、主体がどこにあるのかまったくわからない。

　主体というのは、言い換えれば主語のこと。「入力ミス」は、人を主体とした表現なのか、それとも物事を主体とした表現なのか。ミスの内容もしっかり書き加えたうえで、「入力ミス」を文で書いてみるとよくわかる。

　人を主体とするのであれば、
「一郎さんは、Aではなく、Bを入力した」
になる。一方、入力内容を主体とするならば、以下となる。
「Aではなく、Bが入力された」

　単語が厄介である理由は、もう一つある。それは、単語だと、どの時点を指しているのかまったくわからないことだ。「入力ミス」は、誤入力された時点を指すのか、それとも入力ミスが発見された時点を指すのか。誤入力された時点を指すのであれば、上記の2つの文のどちらかだが、入力ミスが発見された時点を指すのであれば、以下となる。
「Aではなく、Bが入力されていた」

　失敗の原因追究では、刑事のように時間軸をさかのぼって問題を突き止めていく。そのため、スタート時点、つまり事象の時点がはっきりしないと、的外れな捜査になる。文で表現しなければならない最大の理由が、これだ。

第2章 「なぜ?」を考える前にやるべき5つのステップ

　失敗はなぜ発生したのか考えるには、どの時点から原因追究をスタートする
のか、はっきりさせなければならない。そのためには、事象を単語ではなく、
文で表現しなければならないことを忘れてはならない。

臆測が入り交じる言葉には要注意

　次の文を見てもらいたい。
　「書類に記載忘れがあった」
　この文の意味だが、物事に主体をおいた場合には、
　①　「書類に、記載されるべき内容が記載されていなかった」
と解釈できる。
　一方、人に主体をおいた場合には、
　②　「書類を作成した人が、書類に記載されるべき内容を記載し忘れた」
となる。どちらにせよ、「書類に記載忘れがあった」という表現では、時点も
ブレるし、解釈も大きくブレる。
　そもそも「忘れ」というのは、人に関わる話。
　「記載忘れ」という言葉から、②の意味と受け取る人も少なくない。原因追
究のスタート段階にも関わらず、「忘れた」という憶測まで入り込んでくる。
　ミスが発見されたときの状態で表現するのであれば、
　「書類に、記載されるべき内容が記載されていなかった」
としなければならない。
　文中に、憶測が入り交じる言葉は避けなければならない。

キーワードを入れて、事象を文で表現する

　解釈がブレないよう、原因追究する事象は単語ではなく文で書かなければな
らない。だからといって、文を書けばよいというものではない。文を書くにし
ても、できるだけ的確に状態を捉えたわかりやすい文にしなければならない。

26

ステップ2　事象を的確に表現する

「書類に、記載されるべき内容が記載されていなかった」

この文は、実は、以下の点がはっきりしない。

① 「書類」とはどの書類を指し、「記載されるべき内容」とは何を指すのか

② 1つの「書類」だけのミスなのか、それとも複数の「書類」で同じミスがあったのか

③ 「記載されていなかった」は、どの時点を指すのか

まずは、①について文を修正すると、

「注文書に、納入期限が記載されていなかった」

となる。「書類」や「記載されるべき内容」という大雑把な表現だと、大雑把な捉え方や考えにつながりかねない。

次は②だが、納入期限が記載されていなかったのは、たった1枚の注文書に限って起きたのか、それとも数多くの注文書の中の複数枚で起きたのか、はっきりさせる必要がある。

「1枚の注文書に、納入期限が記載されていなかった」

さらに、納入期限が記載されていないのは「(今回)たまたま」なのか、「いつも」なのか、を加える。

「注文書の1枚に、たまたま納入期限が記載されていなかった」

最後に、③でいう時点がわかる表現を加える。

「取引先に渡した注文書の1枚に、たまたま納入期限が記載されていなかった」

「何枚中何枚」「何番目」や「たまたま」「いつも」などの形容詞や副詞といった修飾語は、失敗を議論するときの重要なキーワードだ。

27

第2章 「なぜ？」を考える前にやるべき5つのステップ

ステップ3 調査する前に、目的と
調査範囲をはっきりさせる

　失敗までのいきさつなどを調査する前に、必ずやっておきたいことがある。まずは、原因追究する本来の目的を見失わないために、原因追究の目的をはっきりさせることだ。
　原因追究という言葉。さまざまな職業の人たちがこの言葉を使う。警察やマスコミ（ジャーナリスト）、そして企業の中でも。
　ご存じとは思うが、言葉は同じでも、警察やマスコミ（ジャーナリスト）の取組みと、企業内での取組みでは、目的はまったく異なる。だが、目的が異なることをしっかり理解していない人たちが少なくない。
　人のミスの話になると、すぐに「誰が悪いんだ」「誰のせいなんだ」といった責任追及に持ち込もうとする人が少なからずいる。きっと自分のせいではないことをアピールしたいのだろう。
　誰かが「太郎さんが悪い」といった一言を口にしてしまうと、とたんに険悪な雰囲気になってしまい、当事者の太郎さんは話を切り出すことすら躊躇してしまう。悪者扱いされるために、わざわざ情報を出す人はいない。わざと失敗したのであればまだしも、そうでないなら、誰が悪いとか、誰のせいなどということは、管理職も含めて決して口に出してはいけない。

　失敗したのは、仕事の中に失敗しやすい不完全な状態があったからだ。不完全な状態を皆が見逃していたわけだから、誰が悪いのかと問われれば、管理職も含めて関わった全員が悪いという答えが正しい。
　当事者や関係者が一方的に非難されないよう、この後の調査をうまく進められるよう、詳細な調査に入る前に、原因追究の目的をはっきりさせることが大事だ。

ステップ3　調査する前に、目的と調査範囲をはっきりさせる

目的を文で書く

　目的をはっきりさせるといっても、注意が必要だ。できれば、目的を「再発防止」という単語ではなく、文で示す。「再発防止策」だけでは、何に対しての再発防止策なのか不明だ。目的を文で示すことで、改善の方向がはっきりする。

　また、「再発防止」という単語に比べ、文にすることで前向きに考えようという雰囲気を自然に作ることができる。

　スポーツに例えると、試合に負けた後、いきなり「再発防止策」を考えようと選手たちに呼びかけても、選手たちはうつむいたままだ。「再発防止策」を考えようではなく、「次の試合で勝つ」ためにはどうしたらいいか考えよう、と言ったほうが、選手たちの顔が少しでも上向くというもの。

　目的を文にすると、

　「～をなくす」「～を防止する」「～状態にする」

といった前向きな表現になる。具体的には、

　「申請書の記載ミスをなくす」

　「転倒を防止する」

　「納期に間に合うように設計を進める」

といった具合だ。ほとんどの場合、「～」には原因追究する事象が入る。

　前向きで、ストレートな表現で目的を出されると、個人攻撃は自然と抑えられる。日ごろから目的をはっきりさせずに、原因追究に入ってしまう人にとって、目的を文で表現することに、初めは戸惑う人も少なくないが、何回かやれば、すぐに文が出てくるようになるので、心配は無用だ。

29

第2章 「なぜ?」を考える前にやるべき5つのステップ

調査範囲を改善範囲として決める

　次にやるべきは、調査範囲をしっかり決めること。目的を決めたら、調査に入る前に調査範囲を決めておきたい。

　多くの原因追究では、行き当たりばったりの調査になっており、至るところで調査漏れを見かける。調査漏れを少しでも減らすために、調査の前に調査範囲をはっきりさせておくことが大事なのはいうまでもない。

　だが、「調査範囲」という言葉で範囲を決めて調査に入ると、本来の目的を忘れた人たちが調査段階から「誰が悪い」「誰のせい」といったことを言い出し、折角の前向きな雰囲気がぶち壊しになりかねない。

　私たちが原因追究でやりたいことは、調査した範囲の中から改善策を導き出すこと。そのために、「調査範囲」という言葉を「改善範囲」に置き換えて、調査する範囲を決める。本来の目的を見失うことなく、調査に入っていくためだ。

　ただ、「改善範囲」という言葉を掲げると、すぐさま具体的な改善対象、例えば作業手順や情報システム、書類といったものを挙げてくる人がいる。現段階では、詳細な調査をしていないのだから、具体的な改善対象を挙げる必要はない。大雑把でもかまわないので、調査する範囲を決めることが重要だ。

　「改善範囲(調査範囲)」は、2つのうちのどちらかになる。

① 案件などで失敗した場合:「～から～までの期間・工程」
② 日常作業で失敗した場合:「～作業」「～業務」「～管理」

　ある案件(非定常作業を含む)で失敗した場合には①になる。そのときの改善範囲は、例えば、依頼するところから失敗が顕在化するまでの期間、となる。

ステップ3　調査する前に、目的と調査範囲をはっきりさせる

　また、工程間で失敗や異常が発生した場合も同様で、○○工程から××工程まで、となる。

　一方、日常の繰り返し作業で失敗した場合には、その作業そのものが調査対象になる。改善範囲は、例えば、受注業務、伝票処理作業、出荷作業といった日常作業になる。伝票処理作業の場合、その作業に関わるものすべて、すなわち伝票そのものやPC画面、手順(動作)などが調査の対象になる。

　ここで厄介なのは①だ。案件の失敗の多くは、作業に入る前にすでに失敗することが決まっていた、といったことがよくある。つまり、依頼を受けた側だけでなく、依頼する側にも問題があったということであり、この問題のほうが重大だ。

　本来、社内で作業を頼む場合、作業の進め方や注意点だけでなく、要所での判断や、作業で使用するモノなど、作業を頼まれた人が困らないようにしてから頼むことが肝心だ。だが、多くの場合依頼する側はそうなっていない。

　多くの企業では、原因追究の調査時に、依頼を受けた人、あるいは受けた依頼を実行する人だけにしか調査していない。作業を依頼した側も自らの問題をまったく自覚していない。依頼する側の問題にはほとんど触れられていないことから、そこに改善のメスが入っていない。失敗した作業だけを調査するのではなく、さらに過去にさかのぼって、作業の前段階をしっかり調査し、前段階の問題もあぶり出さないと、業務全体がよくならない。

　では、一体どの時点までさかのぼるのか。作業を依頼するところから調査すればよいのか。それとも、さらに過去にさかのぼって、案件に関わる調査や案件の企画・計画といった前段階まで調査しなければならないのか。

　案件の失敗の場合には、業務全体をわかっている管理職でないと、調査の範囲(改善範囲)は決められない。改善範囲(調査範囲)については、業務全体を改善する役目を担っている管理職に決めてほしいところだ。

31

第2章 「なぜ?」を考える前にやるべき5つのステップ

ステップ4 　　前提をしっかりつかむために
　　　　　　　図を描く

図を描いて、情報を出しやすい雰囲気をつくる

　失敗の調査は調査漏れがないように進めていくというのは、誰もがわかっている。だが、調査漏れのないよう、どのように調査を進めていけばよいか、多くの人はわかっていない。会社で決まっているフォーマットに書き込んでいくような調査もかなり見かけるが、フォーマットに書き込むだけでは、調査漏れはなくならない。

　まして、まるで刑事ドラマの尋問シーンのように、会議室のテーブル越しに失敗の当事者側と調査する側が向かい合って座り、調査側が一方的に質問し、当事者側が一つひとつ答えていく、といった調査でもダメだ。会議のような重苦しい雰囲気の中では、当事者側はなかなか情報を出しづらいし、失敗したときはどんな様子だったか思い出すことすら難しくなる。

　当事者・関係者が話した内容を箇条書きで整理するやり方も、できるだけ避けたい。ボードやシートに箇条書きで情報をすき間なく埋めていくと、何となく情報をしっかり取れた気分になってしまい、肝心な情報が抜けていても誰も気づかない。

　人の失敗を調査するときに欠かせないのは、前述した原因追究の目的をはっきりさせることだけでなく、当事者側が話しやすい雰囲気を作ることだ。話しやすい雰囲気を作れば、調査する側の質問を待たずに、当事者・関係者は話し始める。

　では一体、当事者側が話しやすい雰囲気を、どうやって作ったらよいのか。そして、漏れのないように調査にするには、どうすればよいか。

　それは、まず図から入ることだ。情報を整理するベースとなる図を描くとこ

ろから始める。

　調査といっても、会議のような形式で調査を始めるのではなく、調査する側
と当事者側が一緒になって図を作る作業から始める。図を作ることで、話しや
すい雰囲気になり、失敗に至った詳細情報をつかみやすくなる。

配置図で現場の状況をつかむ

　作業現場での失敗を調査する場合、まずは配置図を作成する。初めに配置図
で全体像を把握してから、詳細な調査に入っていくほうが情報を集めやすいか
らだ。

　配置図には、事象が発生したときの人や各種の設備・什器、重機の配置など
を記載する。当事者は、どこから作業を開始して、次にどこへ行って、何をし
たのか、文章では説明しづらい情報を当事者側から出してもらい、移動経路を
配置図上に線で描いたり（作業動線という）、それぞれの人の立ち位置を配置図
上に記入していく。いきなりいきさつの説明から入るより、失敗したときの配
置状況の説明から入っていくほうが当事者側としては話しやすいし、図を描き
ながら当時の状況を思い出すこともできる。調査側も、図があれば状況をしっ
かりつかむことができるし、気になるところがいろいろ見えてくる。

　配置図を描くときのポイントは、事象が発生したときの様子や事象が発生す
るまでの経路が、原因追究の場にいる全員の頭に浮かぶように描くことだ。

　以下に、図の中に記入するとよい3つのポイントを挙げる。

- 当事者、関係者、車、設備・什器、重機などの位置
- 設備・什器、重機、通路幅、作業の高さ、移動距離などの寸法
- 人や車、重機などの移動経路

　このとき、位置や寸法はあやふやにせず、必要に応じて事象が発生した現場
に行き、現場で位置を確認したり、実際に寸法を測ったりすることが大事だ。

33

第2章　「なぜ？」を考える前にやるべき5つのステップ

以下に、配置図の具体例を示す。

　①の図(35ページ)は、AからEまでの書類の山からそれぞれ一部ずつ取って束ねたものを封筒に入れて、宛名シールを貼った後に発送カゴに入れるという作業を、3人で行っていたときの配置図だ。

　複数人で同じ作業を繰り返している場合には、3人それぞれの動作を記載することが大切だ。

　②の図(36ページ)は、顧客から注文された商品を倉庫で探し、箱詰めして発送したときの業務担当者の動きを、動線を使って配置図上に表したものだ。

　動線上に記載されている番号は、p.40のいきさつフロー図の中の該当する時点の番号と同じものである。どのような経路をたどったのか、いきさつフロー図の番号を使って経路の順番をはっきりさせる。

　③の図(37ページ)は、フォークリフトと人が接触したときの状況を配置図に表したものだ。フォークリフトと人、それぞれの動線を配置図に記載した。

　労働災害の状況を表す配置図では、動線とともに、わかる範囲でできるだけ多くの寸法を入れることが欠かせない。

① 書類を束ねて、封筒に入れる作業をしていたときの配置図
配置図に、各人の動作を追加した例：

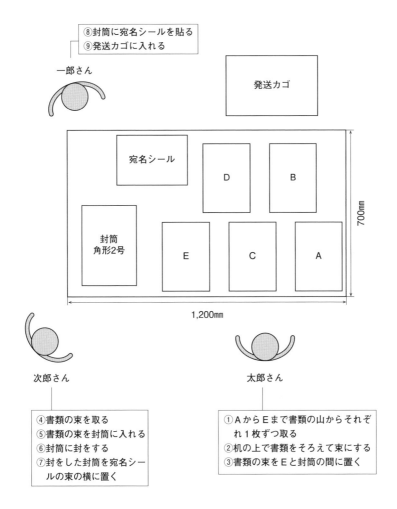

第 2 章 「なぜ？」を考える前にやるべき 5 つのステップ

② **職場の配置図**

配置図に、作業動線を加えた例：

＊図内の番号は、順序を表す。p.40 のいきさつフロー図内の番号と同じ。

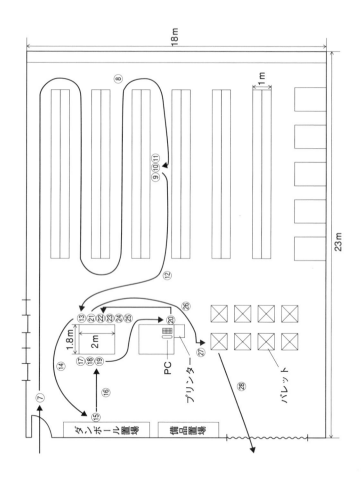

ステップ4　前提をしっかりつかむために図を描く

③　事故発生時の配置図

フォークリフトと人の動線を入れる。

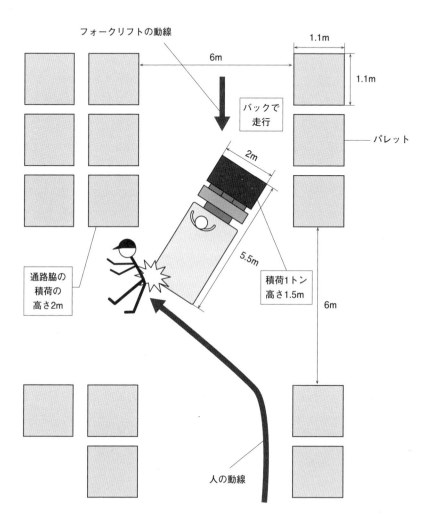

第 2 章 「なぜ？」を考える前にやるべき 5 つのステップ

「体制図」と「いきさつフロー図」で、失敗の全貌をつかむ

失敗に至ったいきさつを把握するには、いきさつフロー図（p.40 を参照）が欠かせない。

いきさつフロー図は、筆者がさまざまな場面で使われるフロー図をアレンジして考案したものだ。多くの企業では、失敗に至ったいきさつを箇条書きで整理しているが、中身を見ると、抜けがかなりある。

複数の人々が関わる業務でのトラブルの原因追究では、どんな立場（担当者、責任者など）の人が何人いて、それぞれが自分の役割を踏まえて、どの時点で、どのように行動したのか、詳細に把握していかなければならない。

だが、箇条書きではそれらが見えない。箇条書きをフロー図に置き換えると、抜けていた事柄が明らかになるだけでなく、そもそも業務の進め方に問題があることや、管理職の関わり方に問題があることも見えてくる。

いきさつフロー図では、フロー図の最上段に登場人物を並べるところから始める。だからといって、思いつくままにいきさつフロー図の最上段に登場人物を並べてはいけない。思いつくまま登場人物を並べて、フロー図を描き始めると、後になって抜けている人がいることに気づき、修正に時間が取られてしまう。いきさつフロー図に入る前に、目的で定めた調査の範囲（改善範囲）に登場してくる登場人物を、体制図を使って洗い出すとよい。

（1） 体制図

失敗した業務はどんな体制（組織）で運営されていたのかを描いたものが体制図だ。体制図を描く際のポイントは、以下である。

① 部署単位、あるいは会社単位に分けて描く
② 管理職を必ず入れる

ステップ4　前提をしっかりつかむために図を描く

　IT 企業や工事関係の企業でよく見かけるのは、上から順に、顧客企業、元請企業、協力企業をタテに並べる体制図だ。どうやら、これら業界では体制図をタテに描くのが慣習のようだ。

　だが、タテに体制図を描くと、それぞれの企業の管理職が省略されてしまう。実際には、何らかの形で管理職が関わっているはずなのだが、それが見えない。管理職の関わり方についても調査するためには、p.40 のように、タテではなく、ヨコにして、企業ごと、部署ごと、そして管理職を入れて作成する。

　体制図に管理職を記載する理由は2つある。1つは、管理職にも自分のできる範囲の改善策をしっかり出してもらいたいからだ。多くの企業の失敗の報告書を覗いてみると、部下が書いた失敗の報告書に対して、コメントを入れるだけの管理職が大勢いる。これでは、いつまでたっても管理職の現場任せの実態は変わらない。現場の失敗に対して、管理職はもっと首を突っ込んで、やらなければならない改善策を、自ら進んで実行しなければならない。改善は決して現場だけでやるものでなく、管理職も自分でできることをやらなければならない。

　体制図に管理職を記載するもう1つの理由は、本来管理職が関与しなければならない業務だったにも関わらず、実際には管理職がまったく関与していない場合、それを明らかにしたいからだ。本来管理職は管理の責任者なのだから、指示するだけでなく、フォローすべきはフォローして、最後まで見届ける役目がある。管理職の中には、「指示を出すところまでが自分の仕事だ。後は知らん」と勝手に判断している人たちも大勢いる。そんな管理者に改善を促すためにも、体制図にはしっかり管理職を入れよう。

39

第 2 章 「なぜ？」を考える前にやるべき 5 つのステップ

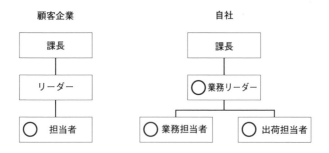

　体制図を作成した後、調査の範囲(改善範囲)内に登場する人に、○で印をつける。○をつけた人たちをいきさつフロー図の一番上に並べて、いきさつフロー図を作り始める。

(2) いきさつフロー図

　すでにフロー図を使って、いきさつを把握している企業も少なくないが、いきさつを把握するときの勘所をしっかり押さえないまま作成されているフロー図が後を絶たない。
　すでにフロー図を使っていきさつを把握している人は、次のいきさつフロー図を見ていただき、抜けていることがないかチェックしていただきたい。

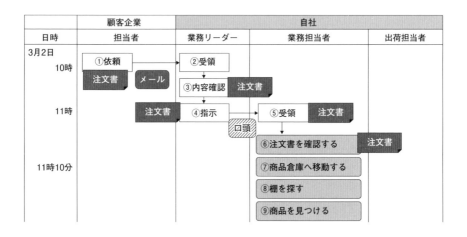

ステップ4 前提をしっかりつかむために図を描く

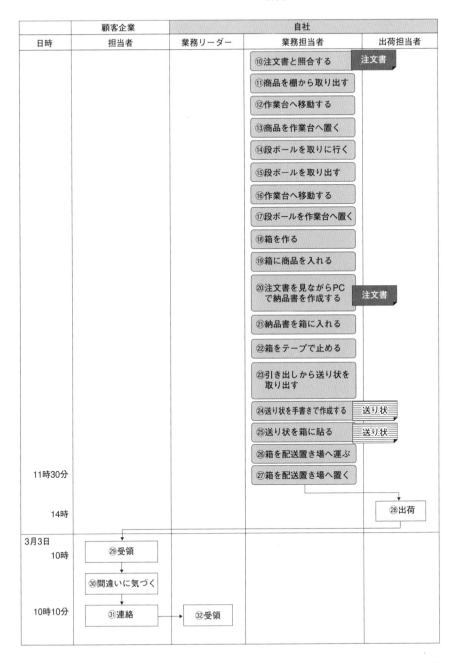

第2章 「なぜ？」を考える前にやるべき5つのステップ

いきさつフロー図のポイントは、以下の6つだ。

① 登場人物を1人ずつ並べる
② 「受ける」(受領、受取、受信など)を加える
③ 伝達手段(口頭、電話、メール、無線、システムなど)を加える
④ 作った書類、使った情報を加える
⑤ 責任者をはっきりさせる
⑥ 失敗した作業は、できるだけ細かく書き出す

① 登場人物を1人ずつ並べる

一番上に並べるのは、基本的に1人ずつにする。もし、大勢の人たちが関わる場合、例えば10名以上の場合には、同じ作業を行った作業者や担当者はひとくくりにして「作業者」としてもよいだろう。

ただし、失敗した当事者とリーダー以上の職位のある人は、1人ずつにする。失敗した当事者の動きだけでなく、リーダー以上の人たちが、どの時点で、どんなことをやったのか、あるいはやっていないか、はっきりさせるためだ。

会社単位や部署単位でまとめてしまうと、リーダー以上の関与がほとんど見えない。ひとまとめにすることは、リーダー以上の人たちにとって大変ありがたいことかもしれないが、それでは業務の全体像は見えてこない。業務全体の流れを変えるような改善策、例えばプロセスの順序を入れ替えるとか、作業を指示する側の管理職のやり方を見直す、といった改善につなげるためにも、管理職のやったことを入れる。

失敗の当事者だけでなく、関わった人すべてを対象にして、いきさつを正確に把握していく。失敗の中には、人と器具、あるいは設備、システムとの関係において失敗するケースがある。その場合には、登場人物だけでなく、設備やシステムも横に並べる。

ステップ4　前提をしっかりつかむために図を描く

　次の図は、子どもが庭の草木に水をあげようと、蛇口にホースを接続した後、蛇口とホースの接続が外れ、飛散した水を体に浴びてしまった事例だ。
　この場合、水が飛散した器具の状態をいきさつの中に入れないと、いきさつをしっかり把握できない。「子ども」の欄に、「接続部が外れた」や「水が飛散した」を入れるのも違和感を覚える。
　そこで、ホースと蛇口、ホールリールといった器具を「蛇口」としてひとまとめにして、その欄に器具の状態や水の状態をつけ加えると、いきさつがはっきり見えてくる。いきさつフロー図の最上段には、人とともに設備やシステムが入るケースがあることを知っておいてほしい。

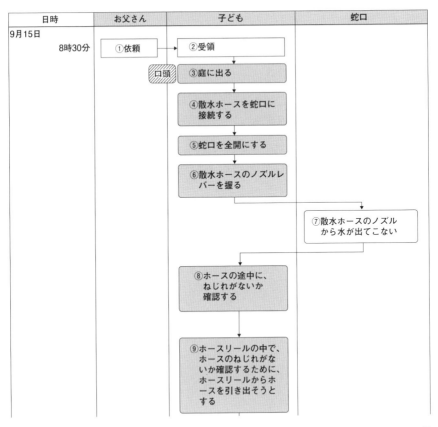

第2章 「なぜ？」を考える前にやるべき5つのステップ

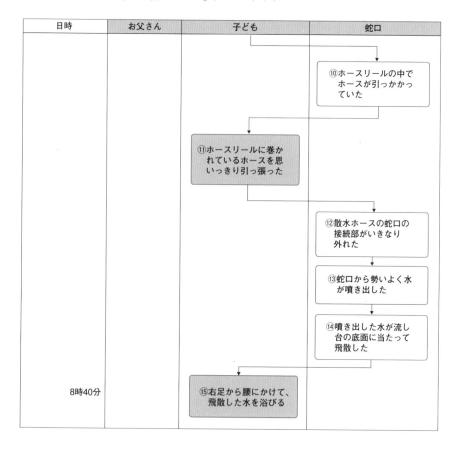

② 「受ける」を加える

上記の図を見てもわかるように、いきさつフロー図は時間に沿って作成されなければならない。

多くの仕事は、顧客あるいは上司から指示をもらって作業に入る。これをフローで表現するときに、時間がずれているにも関わらず、「指示」の真横にいきなり「作業」を並べて、「指示」→「作業」と描いてはいけない。そもそも「指示」と「作業」は時間がずれているのだから、「指示」と「作業」は時間をずらして描かなければならない。

ステップ4　前提をしっかりつかむために図を描く

　時間に沿ったフロー図にするためには、「指示」と「作業」の間に、単純に「受ける(受領)」を加えるとよい。

　「指示」→「作業」ではなく、「指示」→「受領」とし、「受領」の下に「作業」を置く。こうすれば、「受領」後の「内容確認」などの行為は、「受領」の下に記載されることになり、時間に沿ったいきさつフロー図が自然に作られていく。

　注意したいのは、金曜日の夕方にメールを送信しても、相手がメールを見るのは翌週の月曜日だったりする場合だ。その場合、「受ける」を書き込むにしても、日時をずらさなければならない。時間がどのくらい経過したか、一目でわかるいきさつフロー図を作ることが、的確な改善策を出すために欠かせない。

　いきさつフロー図では、「送信」に対して「受信」、「指示」に対して「受領」というように、「受ける」を加えて、時間の経過をはっきりさせることを心掛けてほしい。

③　伝達手段を加える

　失敗の原因を探っていくと、口頭、電話、メール、無線、情報システムといった伝達手段が問題だったということがたまにある。依頼する用件を口頭や電話だけで相手に伝えたために、相手が聞き間違えたとか、用件の一部を忘れてしまった、といった経験をした人もいることだろう。伝達手段の問題を見逃さないためにも、また伝達手段そのものを改善していくためにも、依頼や指示したときにどんな伝達手段を使ったのかを明記する。

④　作った書類、使った情報を加える

　いきさつを調査するときは、当事者や関係者の行為だけではなく、その際にどんな情報をもとに作業したのか明記する。情報とは、申請書、注文書、納品書、仕様書、設計図、指示書、作業手順書などの各種の書類やデータのことだ。

　作った情報や使った情報をいきさつフロー図に加えることで、次のようなことを明らかにする。

45

第 2 章 「なぜ？」を考える前にやるべき 5 つのステップ

- 情報は誰が作成したのか
- 情報は、どこまで伝わっていたのか
- 情報は、誰と誰が持っていたのか
- どんな書類を使って、審査（レビュー）したのか
- 管理職はどんな情報をもとに承認したのか
- 作業者は手元に書類を持って仕事を進めたのか

⑤　責任者をはっきりさせる

　責任者といっても、実行責任者、管理責任者、統括責任者などいろいろある。複数人で行う作業の場合、各要所で誰が責任を負うのか、全体責任を誰が負うのかはっきりさせて、各人がそれぞれの責任を自覚しながら進めていく、というのが仕事の基本だ。

　管理職にとっては、このことが最も重要な管理ポイントになる。メンバーがいつもと違っていたり、社内の合同チームや協力企業との作業であれば、なおさら責任の所在をはっきりさせたうえで作業を進めていくことが重要だ。打合せや朝の申し送りの確認事項や決定事項においても、責任の所在をはっきりさせて作業を進めていく必要がある。

　実際には、責任の所在がはっきりしない、あるいは責任の自覚がないまま作業を進めている様子が、作成されたいきさつフロー図から見えてくる。プロジェクトの失敗で、特に多い問題がこれだ。組織上の責任者が責任を意識せず、部下に仕事を丸投げし、フォローもほとんどない。責任者の PDCA 管理や指示の内容に問題があるケースも目立つ。こういった問題を抱えた失敗は、そのほとんどが作業を行った担当者のせいにされている。指示した側にも管理責任があることを、管理職はまったく自覚していないことが根底にあるのだろう。

　責任の所在をはっきりさせるためには、いきさつフロー図の中に印をつけるとよい。例えば、「打合せ」「朝の会議」「複数人で行う作業」「審査（レビュー）」

ステップ4　前提をしっかりつかむために図を描く

など、複数人で同じ作業を進めた場合には、その作業の責任者に「◎」を付け加える。

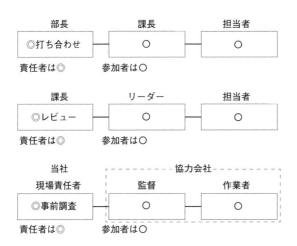

次のいきさつフロー図では、総務部長と総務課長のそれぞれ「指示」のところに「◎」を入れた。「◎」は、責任の所在を表している。

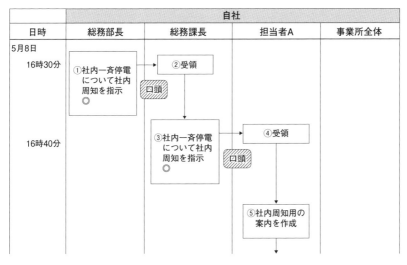

47

第2章 「なぜ?」を考える前にやるべき5つのステップ

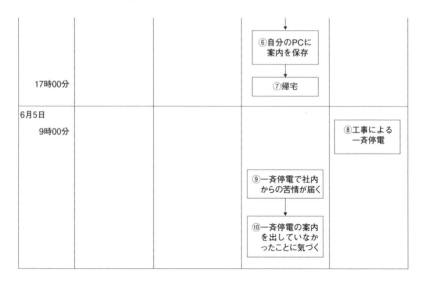

　◎をつけた人が、どの時点でどのように関わったのか、あるいは関わっていないのか、いきさつフロー図を俯瞰して、問題点を探っていく。失敗に至ったいきさつを確認しながら、責任の所在を改めて確認することが大事だ。

⑥　失敗した作業は、できるだけ細かく書き出す

　失敗した当事者のやったことについては、細かく書き出すのがよい。動作を一つひとつたどっていくので、問題点が見つけやすくなる。作業に関わった当事者が、誤りや異常な状態に「気づかなかった」問題を、時点ごとに洗い出すためには、手順あるいは動作を細かく書き出すことが必要だ。

　例えば、メールを返信するとき、ついやりがちな一連の動作を書き出すと、以下のようになる。

- メールソフトを開く
- 過去のメールの中から、返信するメールを選ぶ
- 返信ボタンを押して、返信メールを開く
- メールの本文を入力する

48

- メールのタイトルを変更する
- 最後に、一通り確認する
- 送信ボタンを押す

　失敗した作業を動作まで細かく書き出すことで、どの時点のどういった動作のときに、どのような間違いをしたのか、だけでなく、どの時点のどういった動作のときに、自分の間違いに気づけばよかったのか、その両方を正確につかむことができる。

計画と実績の差を図で示す

　「予定していたよりも時間がかかった」ことを問題にすることがある。そんなときには、いきさつフロー図を描く前に、予定(計画)と実績との差異を大雑把につかんでおく。いきさつフロー図を描くうえで、どの辺りを重点的に調査すればよいか、前もって見えてくるからだ。

　次の図が、計画と実績の差を図にしたものだ。図の中の時間軸には、実際の日時を入れる。○で囲んだ数字を記載した範囲は、計画と実績に差異が生じた期間を示す。差異が生じた期間、すなわち①、②、③、④を詳細に調査したうえで、そこから問題点を見つけて改善策を導き出せばよいことが読み取れる。

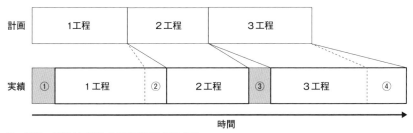

①、③は、工程と工程との間の停滞を意味する
②、④は、各工程の計画からの遅れを意味する

ステップ5　前提条件を整理して、範囲を絞り込む

背景をしっかりつかんで、的外れな議論を避ける

　何事も先走りは禁物だ。いきさつを把握すると、すぐさま「なぜ、失敗したの？」と切り出す人がいる。まだ情報がしっかり洗い出されていないのに、だ。

　多くの企業の原因追究を見てみると、前提条件の整理が疎かになっている。ここでいう前提条件とは、考える方向や枠組みをはっきりさせるために、押さえておくべき情報のことだ。

　もし、あなたが警察官で、担当した交通事故について原因追究するとしたら、事故が発生した時刻だけでなく、そのときの天気や運転手の運転歴、さらには路面の状態などの背景をしっかり押さえて、原因の特定に入っていくはずだ。

　押さえておくべき前提条件の整理が疎かだと、考える枠組みがはっきりせず、憶測が憶測を呼び、考えるべき枠組みを飛び越えて、的外れな答えを出してしまう。これは、刑事ドラマに例えると、誤認逮捕につながる、ということだ。

- 新人が失敗したのか、それともベテランなのか
- いつもやっている仕事なのか、めったにない仕事なのか
- いつもと同じメンバーなのか、今回はいつもと違うのか
- いつもと変わったことはなかったのか

　このような背景や、すでにわかっている事実を前提条件として押さえる。そして、それらをいきさつフロー図に加えていく。前提条件を加えれば加えるほ

ステップ5　前提条件を整理して、範囲を絞り込む

ど、頭に映像がはっきり浮かぶようになる。映像がはっきり浮かんでくれば、「なぜ」を考えるのもそう難しくない。原因追究を的確に進めていくためには、前提条件を整理して、考える枠組みをはっきりさせることが大事だ。

　ちなみに、p.40 のいきさつフロー図につけ加える前提条件には、以下のようなものがある。

- 注文書の記載内容（商品名、商品番号、数量）に誤りはなかった
- 注文のあった商品は、年に 1 回ぐらいの注文しかないものだった
- 業務担当者は、配送作業を 3 年経験しており、配送作業は、1 人当たり毎日 30 件を超える
- 1 つの作業台の上で、同時に複数人が作業を行う
- 送り状の記載内容（宛先、商品名、商品番号、数量）には、誤りはなかった
- 本来の注文商品と誤って取り出した商品は、水平方向で 2 メートル離れた位置に、それぞれの商品棚に置かれていた

以下に、どんな失敗でも押さえておくとよい前提条件を記載する。これらは、筆者の長年の経験から見出したものである。

（1）　初回の失敗か、再発の失敗なのか押さえる

　今回の失敗は「初回」の失敗か、それとも「再発」なのか。一般的に、同じ会社で過去に類似の失敗があった場合には「再発」とみなす。多くの企業では、「初回」「再発」に関わらず、調査のやり方をほとんど変えないまま、原因を導き出そうとする。

　そもそも、失敗が「再発」したということは、作業に関わっている人たちが仕事の中に潜んでいる問題を見過ごしているか、あるいは問題があることはわかっているが、問題が顕在化しないよう作業している人たちの注意力に頼っている証拠である。再発した失敗の肝に当たる部分の問題を見つけなければならないのに、初回の失敗のときと同じような調査では、また肝の部分を見逃しか

51

第2章 「なぜ?」を考える前にやるべき5つのステップ

ねない。

　再発の場合は、日ごろ皆が見過ごしている箇所をあぶり出すことが必要であり、そのためには、手順ではなく、動作の観点で念入りに調査しなければならない。

　例えば、パソコンの入力作業を動作の観点で調査すると、

- 書類(紙)を取り出した後、初めに書類のどの部分を見るのか
- 次にパソコン画面上のどのファイルをクリックするのか
- ファイルを開いた後、最初にどの部分を見るのか

といった細かい調査になる。

　失敗が「初回」か「再発」かによって、手順の調査で十分なのか、それとも動作の観点から詳細に調査しなければならないのか決める必要がある。このことは、人の失敗を調査するときだけでなく、設備や製品などの故障の調査でも同じことがいえる。

　初めての故障の場合は、部品のつながりを調査するだけでも十分だが、部品を交換しても再発するような故障の場合は、一つひとつの部品の中身に至るまで詳細な調査が必要になる。

(2)　当事者、関係者の経験値を押さえる

　多くの企業で作成された失敗の報告書を見ると、当事者および関係者の勤務年数や作業年数だけしか記載されていない。年数や月数だけでは、人のスキルは判断できないのに、だ。

　たとえ勤続1年未満の人であっても、毎日何十回も作業しており、失敗するまでに何百回、あるいは千回を超えている人は、新人と呼ぶには値しない。

　一方、10年やっていたといっても、2年に1回の頻度でやっていた場合には、まだ5回目ということになり、作業においては未だ新人レベルだったりする。

52

ステップ5　前提条件を整理して、範囲を絞り込む

　ここでいう経験値とは、該当する作業を今まで何回実施したか、ということ。実施した回数は、年数と頻度の掛け算で割り出す。

　当事者、関係者の作業スキルを把握するのであれば、年数だけでなく、作業頻度の情報も欠かすことはできない。

（3）　違いを押さえる

①　前回との違いを押さえる

　たとえベテランでも失敗する。ベテランが失敗したときほど、前回との違いをはっきりさせなければならない。

　例えば、こんな場合がある。

　いつもはリーダー1人、担当者3人で作業していた。全員5年以上の経験があり、週3回はさまざまなケースで作業を行う。今回、たまたまリーダーはやむを得ない事情で、作業の途中にも関わらず、その場を離れることになった。

　今までは担当者が作業の途中で抜けることはあっても、リーダーが作業の途中で抜けることはなかった。リーダーの代わりを呼ぶわけにもいかず、リーダーが作業から抜けた後、担当者3人で作業を続けた。

　その後、担当者のある1人が失敗してしまい、その失敗に他の2人も気づかず、失敗したところを残したまま、作業を終了してしまった。

　このような失敗の場合、人手が足りないのが原因だと、すぐに結論づけてしまう人が少なくない。

　よく考えていただきたい。どんな仕事でも人数や周囲の状況などの変化は少なからずある。リーダーの不在で失敗が起きたということは、そういった変化に対応できなかったこと、まさに変化対応力がないことの証だ。

　不在になる前に、リーダーが残された3人のうちの誰かにリーダーの役割を託し、他の2人の役割分担を仕切り直して、作業を続ければよかったのだ。作

第2章 「なぜ？」を考える前にやるべき5つのステップ

業手順がどうあれ、そういった仕切り直しをリーダーがやっていなかったことが問題なのである。

この事例の場合は、作業途中でリーダーが不在になったことを問題とするのではなく、リーダーが不在になったことを前提として、それを踏まえて改善策を出さなければならない。

すなわち、前回との違い（変化）があった場合には、改善策に条件がつくということ。次回からは、たとえ今回と同じような変化があったとしても、失敗しないためにはどうしたらよいか、となる。

前回との違い（変化）の例をいくつか挙げる。

- いつもと違うツールを使った
- 特殊な事情（時期、顧客、費用など）があった
- いつもとは違う協力会社だった
- いつもより1人少ない人数で実施した
- 人数は同じだが、いつもと違う人が1人いた
- いつもとは異なる時間帯だった

② 他の人との違いを押さえる

同じ作業をやっているからといって、全員がまったく同じやり方でやっているとは限らない。たとえ手順は同じでも、人によってやり方が微妙に違うといったことはよくある。この微妙な違いが作業の成否を分ける。

失敗した当事者だけでなく、同じ作業をしている当時者以外の人に、

「あなたは、どのように作業していますか？」

と質問し、人によって違いがあるか調査することも大事だ。作業のやり方に違いがあれば、その違いを改善策のヒントにする。

(4) 主に原因追究の対象から省けるものを押さえる

刑事ドラマで、事件現場に到着した刑事たちは、真っ先に捜査の対象から省

ステップ5　前提条件を整理して、範囲を絞り込む

けること、例えば「お金は盗まれていない」「部屋の中は物色された形跡はない」「争った形跡はない」などの事実を押さえていく。

　私たちも刑事ドラマと同様、失敗に関わる情報を整理するときに、すぐ問題を探そうとするのではなく、主に原因追究の対象から省けるもの、すなわち問題がなかったものを片っ端から押さえていく。

　一方、誤りや異常などの事実が見つかった場合には、まだ問題とは断定せずに事実として押さえていく。例えば、「6ではなく8が書類に記載されていた」といった問題とすべき事実がそれに当たる。

　事実を押さえれば押さえるほど、原因追究の範囲が絞られ、失敗に至ったいきさつがはっきりしてくる。場合によっては、なぜなぜ分析までやらなくても、改善策が見えてくることもある。

　事実を押さえていくときの進め方は、いきさつフロー図の流れに沿って、上から順番に一つひとつ押さえていけばよい。

　以下に、前提条件の例を挙げる。

- 書類の記載内容に誤りはなかった
- メール文は、指示どおりの内容だった
- ファイルは、いつものフォルダーに保存されていた
- 昨日までは、システムに関わる異常はなかった
- 今回使用したツールは、いつも使っているもので、不具合はなかった
- 作業手順書はあった

　ここで、注意しなければならないことがある。例えば、手順書がない状態で長い期間作業を進めてきて、失敗はなかったにも関わらず、失敗したときには手順書がなかった、としよう。

　こんなとき、手順書がないことを知ると、すぐさま手順書がないことが問題だ、と口走る人は少なくない。そんな人たちに質問したい。手順書がないこと

第2章 「なぜ？」を考える前にやるべき5つのステップ

を問題とするならば、なぜ長い間成功し続けることができたのか。今までの実績を踏まえず、手順書がないことが問題だ、などといった短絡的な考えに走ってはいけない。今まで手順書はなく、失敗も発生していなかったのであれば、手順書がないことは問題ではないのだ。

　失敗の問題を調査することと、今後のために手順書を作るのは別の話だ。前提条件を整理するときには、問題と決めつけずに、まずは主に原因追究から省けるものを押さえていくことによって、原因追究の範囲を狭めていく。

(5)　仕事全体に関わる前提を押さえる

　失敗の内容によっては、失敗した仕事全体に関わる前提まで押さえる必要がある。

　経営層も管理職も、決して失敗した仕事をわかったつもりになってはいけない。頭の中に映像が浮かび上がるくらいまで、徹底的に情報を整理する。

- 該当する作業は、どのくらい前から行われていたのか
- 設備、システムは、いつ設置されたのか
- 設備・システムのメンテナンス作業の頻度や中身、結果はどうか
- 業種特有の慣例（問題とするかどうかは別にして、事実のみを挙げる）はあるか
- 部署、グループの役割は決まっているか
- 契約書には、企業としてお互いのやるべきことが明記されているか

　発生時の配置状況やいきさつだけでなく、失敗に至った背景を前提条件としてしっかり整理してこそ、問題の見逃しや誤認を防ぐことができる。

　次章から、「なぜ」を考えるときの注意点、すなわち「新なぜなぜ分析10則」について説明していく。

第3章

「なぜ？」を繰り返すときの
新なぜなぜ分析10則

第3章 「なぜ？」を繰り返すときの新なぜなぜ分析10則

　人の失敗に対して「なぜ」を考えるときに、最も注意しなければならないのは、「時間」と「表現」、そして「目的」だ。

時点を踏まえて「なぜ」を繰り返す

　「なぜ」を繰り返せば繰り返すほど、時間は過去にさかのぼっていく。

> 　ある日の午前9時、太郎さんが検査記録をもとに書類を作成した（所要時間：30分）。
> 　午前9時10分、太郎さんは検査記録に記載されていた「8」を「6」と見間違えて、「6」を入力した。
> 　書類を作成し終えた太郎さんは、9時30分に自分の作成した書類を一通りチェックしたが、自分の誤りに気づかなかった。その後、太郎さんは書類をリーダーの一郎さんに渡した。
> 　午前10時、リーダーの一郎さんは太郎さんから受け取った書類をチェックした。
> 　昼休みに、リーダーの一郎さんは、太郎さんが作成した書類を課長に提出した。
> 　午後1時、課長がリーダーの一郎さんから書類を受け取り、中身を確認したところ、「8」ではなく「6」が入力されていることに気づいた。

この失敗で「なぜ」を繰り返すと、

午後1時の時点で、「8」ではなく、「6」が入力されていたのは、なぜか。
　それは、午前9時10分に、太郎さんが「8」ではなく、「6」を入力したから。
では、なぜ太郎さんが「8」ではなく、「6」を入力したのか。
　それは、太郎さんは入力する前に、検査記録に記載されていた「8」を「6」と見間違えたから。

58

時点を踏まえて「なぜ」を繰り返す

「なぜ」を繰り返せば繰り返すほど、過去にさかのぼっていくことになる。ということは、時間の流れは、「なぜ」の繰り返しとは逆方向になる。

上記の「なぜ」の繰り返しは、太郎さんの誤った行為について考えたものだ。

一方で、太郎さんが書類を作成した後に、太郎さんの誤りを、太郎さん自身、そしてリーダーの一郎さんが気づかなかったという問題がある。たとえ太郎さんが誤って「8」ではなく「6」を入力したとしても、その後どちらかが誤りに気づいて、その誤りに対処していれば、誤りのある書類を課長が受け取ることはなかった。

つまり、誤った行為に対する、太郎さんと一郎さんそれぞれの対処の問題がある。

失敗について、「なぜ」を繰り返していくときには、

- 誤った行為
- 誤った行為に対する対処の問題

の両方を取り上げなければならない。

今回のケースの場合、誤りに対処するにしても、それに気づかないと対処には進まない。太郎さんにおいては、

午前9時30分に、（自分が）「8」ではなく、「6」を入力したことに気づかなかった

という問題があり、リーダーの一郎さんにおいては、

午前10時に、一郎さんは、「8」ではなく、「6」が入力されていることに気

第3章 「なぜ？」を繰り返すときの新なぜなぜ分析10則

づかなかった
といった問題がある。

上記を踏まえて、「なぜ」を繰り返すと、以下のようになる。

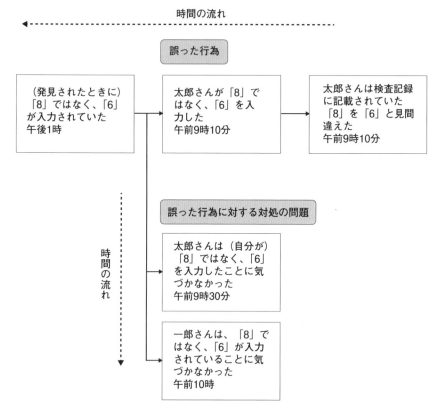

誤った行為に対する対処の問題を取り上げる場合の多くは、上記のように対処する前の「気づかなかった」を問題として挙げる。「気づかなかった」は、時点や人が異なることから、時間の流れに沿って、上から順にタテに並べる。

ここで注意してほしい。たとえ時間の流れに沿ってタテに並べたとしても、前の「なぜ」に書かれている時点を飛び超えてはいけない。

上記の場合、午前10時の「なぜ」の下に、午後1時以降の「気づかなかった」を挙げることはできない。

的確な「表現」が、的確な「なぜ」を導く

「なぜ」の繰り返しと時間の流れの関係を図にすると、以下になる。

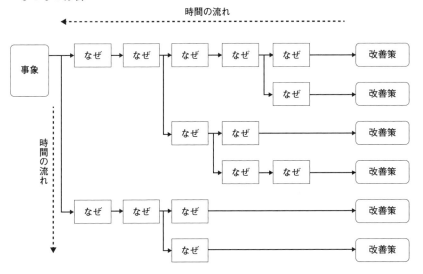

「なぜ」を繰り返すときに、時間の流れを無視すると、過去と未来が行ったり来たりして、話がつながらない。ということは、どの時点なのか不明瞭な「なぜ」を出すと、続く「なぜ」も時点がぼけたものになり、最終的に間の抜けた改善策につながってしまう。

的確な「表現」が、的確な「なぜ」を導く

時点を踏まえて「なぜ」を考えるときに大事なことは、どの時点の話なのか、はっきりと表現しなければならないことだ。

上記の事例に「〜した」と「〜されていた」の2つの表現があるが、「〜されていた」は発見された状態を指す。つまり、「〜した」は「〜されていた」より過去の話になる。

多くの企業では、「誤って入力されていた」ではなく、「誤入力」と書いてし

第 3 章 「なぜ?」を繰り返すときの新なぜなぜ分析 10 則

まう人たちが大勢いる。ステップ 2「事象を的確に表現する」でも述べたように、「誤入力」という単語は、非常にあいまいだ。主体がはっきりせず、そしてどの時点の話なのかはっきりしないからだ。もちろん、どのような誤りなのかもはっきりしない。

　特に、失敗を原因追究していく場合、時点をはっきりさせないと、「なぜ」の繰り返しがいい加減になる。時点をはっきりさせるためには、時点がはっきりする表現でなければならない。

　表現に関わる話はまだある。

　技術的な問題を原因追究していく場合には、文が多少いい加減でも技術用語が補ってくれる。一方、失敗を原因追究していく場合には、日ごろ私たちが使っている表現を使って文を書かなければならない。日ごろから雑な文、あいまいな文を書いている人は要注意だ。

　とはいっても、自分の書いた文の雑さやあいまいさを自覚していないと、自分で注意することもできないのが厄介だ。いつも報告書を書いているから大丈夫、なんて思っている人は、改めて自分の報告書をよく見てほしい。あいまいな表現がところどころにあることに気づくはずだ。なかなか人に指摘されないと、気づけないかもしれないが。

　失敗の原因を掘り下げていくと、よく出てくるのは「確認しなかった」。「太郎さんは確認しなかった」だと、主体(主語)は明確になったが、意味がはっきりしない。以下をはっきり表現する必要がある。

- どの時点の話なのか
- 何と何を確認しなかったのか
- 何のどこを確認しなかったのか
- いつも確認していないのか、たまたま確認していなかったのか

62

ともかく、意味がはっきりしない文だと、その先の考え方がどんどんいい加減になる。「なぜ」を繰り返していく際には、時点だけでなく、表現にも要注意だ。表現については**第6則**で改めて説明する。

「目的」は、改善策を出すこと

多くの企業で、「「なぜ」を5回繰り返す」だったり、原因を追究して「真因」あるいは「直接原因」「間接原因」「根本原因」を導き出す、といった表現をよく目にする。

「5回繰り返す」の「5」に根拠はあるのか。「真因」や「○○原因」とはどういう定義なのか。根拠や定義がはっきりしているのであればよいのだが、根拠や定義がはっきりしないまま、言葉だけが先行している。

人間そのものが不完全なように、私たち人間が作ったモノや仕事には不完全なところが至る所に存在する。その不完全な落とし穴にはまると失敗になる。

先人たちの努力によって不完全な落とし穴は減ってはきているが、新たな技術が生まれると、新たな不完全さも同時に生まれる。だから、不完全さは一向になくならない。

私たちが行う、失敗の原因追究では、仕事あるいは生活の中に潜む不完全なところを探し、

【原因追究の最終目的】
どんなときでも、誰がやっても確実にできるようにする改善策を導き出す

が求められる。

根拠のない数字や定義が定まっていない言葉に振り回されることなく、上記のことを決して忘れずに、「なぜ」を繰り返していくことが肝心である。

具体的な改善策については、**第9則**で詳しく説明しよう。

63

第1則　「事象」や「なぜ」は、1コマ表現にする

1コマにすることで、複数の問題を出しやすくする

1つの文を、マンガのコマ(あるいは写真)に置き換えると、複数の文に分かれることがある。例えば、

「右ひざを柱に強くぶつけて、右ひざが腫れた」

の場合、「右ひざが柱に強くぶつかった」と「右ひざが腫れた」は、起こった時点がズレている。また、1つの文に2つの動詞、すわなち「ぶけた」と「腫れた」が入っている。ということは、コマに分けると、2コマになる。

2コマに分けて、「なぜ」の繰り返しになるように、2つを入れ替える。

「右ひざが腫れた」のは、なぜ？
　それは、「右ひざが柱に強くぶつかった」から

こうすることで、柱に右ひざを強くぶつけた後に、太郎さんが右ひざを冷やさなかった問題、すなわち、

「太郎さんは、ぶつけた後に右ひざを冷やさなかった」

といった対処の問題を付け加えることができる。

このように、「事象」や「なぜ」に書く内容は1コマずつにして、複数の問題を出しやすくしておくことが大事だ。

第1則 「事象」や「なぜ」は、1コマ表現にする

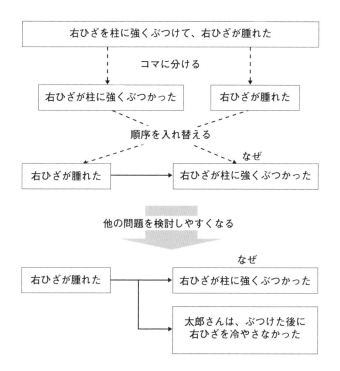

続けて、どの企業でもよくある、メールの誤送信について考えてみよう。

「宛先の誤入力により、誤送信された」

上記をコマで分けると、「宛先の誤入力」と「誤送信された」になる。
コマに分けて終わりではない。「宛先の誤入力」は、文になっていないので、文に直さなければならない。「誤送信された」も、主語と誤りの内容が入っていない。
それぞれを適切な文に直す。「宛先の誤入力」に主語を入れて、さらに誤りの内容も入れると、以下となる。
「一郎さんが、宛先に SORA ではなく、SIRA を入力した」

第 3 章 「なぜ？」を繰り返すときの新なぜなぜ分析 10 則

「誤送信された」も、主語と誤りの内容を入れて、

「SORA ではなく、SIRA へメールが送信された」

にする。

コマに分けて、それぞれ的確な文に直したら、前後を入れ替えて、「なぜ」
の繰り返しになるよう配置する。

「SORA ではなく、SIRA へメールが送信された」のは、なぜか。

それは、「一郎さんが、宛先に SORA ではなく、SIRA を入力した」から。

こうすることで、

「一郎さんは、送信ボタンを押す前に、宛先が SORA ではなく、SIRA に
なっていることに気づかなかった」

といった対処の問題を付け足すことができる。

「なぜ」を 1 コマずつにすることで、誤って入力したこととは別の問題、す
なわち誤った行為に対する対処の問題を付け加えることができるのだ。

66

第1則 「事象」や「なぜ」は、1コマ表現にする

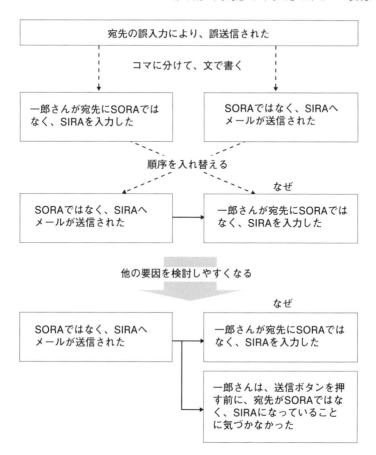

1コマずつにすることで、筋の通らない「なぜ」を排除する

　「なぜ」を1コマ表現にする理由は、もう一つある。以下の文を見ていただきたい。
　「太郎さんは、両手に道具を抱えていたので、通路の段差でつまずいて転んだ」
　まずはこの文を2つに分ける。

第3章 「なぜ？」を繰り返すときの新なぜなぜ分析10則

「太郎さんは両手に道具を抱えていた」
「太郎さんは通路の段差でつまずいて転んだ」

　さらに、「太郎さんは通路の段差でつまずいて転んだ」は、動詞が2つ入っていることから、さらに「つまずく」と「転ぶ」のコマに分ける。コマに分けると、最終的に3つになる。

「太郎さんは両手に道具を抱えていた」
「太郎さんは通路の段差でつまずいた」
「太郎さんは通路で転んだ」

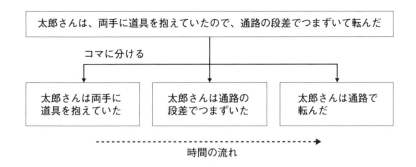

　3つのコマに分けて並べてみると、時間経過の順になっている。この3つを、時間を過去に遡るように、順序を入れ替えて、「なぜ」の繰り返しにする。

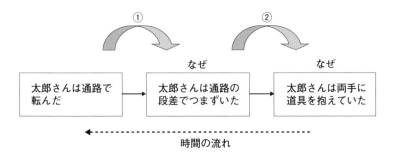

　まずは、左から右へ読んでみよう。

68

第1則 「事象」や「なぜ」は、1コマ表現にする

① 「太郎さんは通路で転んだ」のは、なぜか？
　　それは、「太郎さんは通路の段差でつまずいた」から。
② では、なぜ「太郎さんは通路の段差でつまずいた」のか？
　　それは、「太郎さんは両手に道具を抱えていた」から。

①は納得できるが、②は何となく違和感を覚える。今度は右から左へ、上記とは逆の方向に読み返してみる（詳しくは、**第3則**で説明する）。

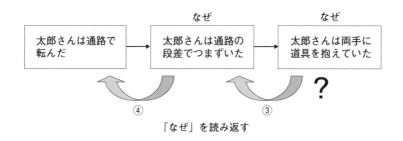

③ 「太郎さんは両手に道具を抱えていた」から「太郎さんは通路の段差でつまずいた」
④ 「太郎さんは通路の段差でつまずいた」から「太郎さんは通路で転んだ」

こうすると、③で「太郎さんは道具を抱えていた」ことと、「太郎さんが段差でつまずいた」ことがつながらないことがはっきりする。

1つの文では理解できていたはずが、1コマずつ切り離して並べ替えると、話がつながっていないことがわかる。
　上記を修正したものが、次になる。

69

第3章 「なぜ?」を繰り返すときの新なぜなぜ分析10則

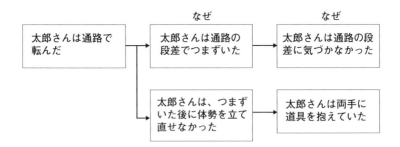

「太郎さんは両手に道具を抱えていた」は、「太郎さんは通路の段差でつまずいた」につながるのではなく、「太郎さんは、つまずいた後に体勢を立て直せなかった」といった対処の問題につながる。

1つずつコマを区切るように考えていくことがいかに大事か、改めて考えていただきたい。

第2則 初めの「なぜ」は、「そもそも」で考える

思いつくままに「なぜ」を考えてはいけない

　多くの原因追究や問題解決に関わる書籍で、「網羅的に原因を考える」と書かれているのをよく見かける。多くの人たちは、この「網羅的」という表現につられて、出だしの「なぜ」のところで、いきなり「設備」「方法」「管理」「環境」といった観点から思いつくままに問題を挙げたり、「担当者」「リーダー」「課長」といった人単位で問題を出したりしている。実は、だいぶ前の話になるが、筆者も同様のことをやったことがあるので、人のことは言えないのだが……。

　長年、原因追究に関わってきてわかったのは、いきなり全体を見渡して、いくつかの観点から思いつくままに問題を挙げてしまうと、起きた事象とは関係のない問題、あるいはつながりがはっきりしない問題が紛れ込んでしまうということだ。
　私たちの身の周りには、私たちが気づいていないものも含めて、問題だらけだ。全体を見渡して見つけた問題は、職場として解決したい問題なのかもしれない。だが今は、今回取り上げた失敗とは関係ない問題を改善している余裕はない。
　私たちが今やらなければならないのは、起きた失敗につながる問題に絞って、改善策を導き出すこと。1つの失敗について原因追究する際に、いきなり周りを見て問題を挙げることは避けたい。

　多くの人たちがやりがちな、ブレーンストーミング方式で問題を出そうとするのも避けるべきだ。ブレーンストーミング方式で問題を出そうとすると、人

によって表現がばらつき、意味が同じかどうか確認するのに、非常に多くの手間がかかってしまう。表現がいい加減だと、あいまいな表現があいまいな表現を呼び、話がどんどん拡散してしまい、本当に改善しなければならないところがどこなのかさえわからなくなってしまう。

はっきりいうと、ブレーンストーミングは、あくまで発想するときに使うものであり、論理的に考えるときに使うものではない。

「そもそも」で「なぜ1」を考えると、見落としがなくなる

以下は、「商品Aではなく商品Bが、箱に入っていた」について、2つのやり方で最初の「なぜ」を挙げたものだ。

①は、いきなり周りを見て、思いつくままに答えたもの。
②は、「そもそも」で考えたもの。

- 思いつくままに、最初の「なぜ」を考えると、

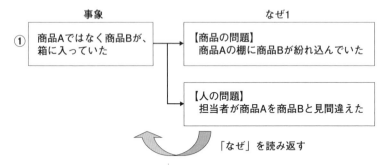

第2則　初めの「なぜ」は、「そもそも」で考える

・「そもそも」で、最初の「なぜ」を考えると、

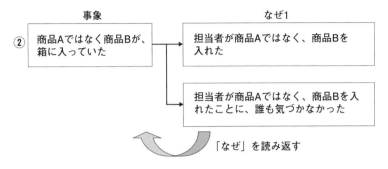

　ここで、**第1則**で述べたように、「なぜ」を繰り返す方向とは逆の方向に右から左へ読み返す。まずは、思いつくまま「なぜ」を挙げた①を、「なぜ1」から「事象」に向けて読み返してみると、

①：上の「なぜ1」→「事象」：
「商品Aの棚に商品Bが紛れ込んでいたから、箱に商品Aではなく、商品Bが入っていた」
①：下の「なぜ1」→「事象」：
「担当者が商品Aを商品Bと見間違えたから、箱に商品Aではなく、商品Bが入っていた」

となり、どちらも話が飛躍しており、つながっていない。
　このように、「事象」の次の「なぜ1」で、いきなり周りを見渡して問題を挙げてしまうと、どうしても事象と直接つながらない「なぜ」が挙がってくる。
　最初の「なぜ1」を出すときには決して周りを見ずに、「なぜ？」の問いかけに「そもそも」を加えて、「そもそも、事象はなぜ発生したの？」と問いかえると、的確な「なぜ1」を出しやすい。こうすることで、一つひとつ丁寧に過去にさかのぼりながら、的確に問題を掘り下げていくことができる。

73

第3章 「なぜ?」を繰り返すときの新なぜなぜ分析10則

②は、「そもそも」を加えて、「なぜ」を考えたものだ。
「そもそも、商品Aではなく、商品Bが箱に入っていたのは、なぜ?」
と考える。こうすると、
「それは、担当者が商品Aではなく、商品Bを箱に入れたから」
がスムーズに出てくる。

「そもそも」を加えて、「そもそも、なぜ〜なったのか?」と問いかける。最初の「なぜ」を考えるときに、これが一番効く。これによって、失敗のすぐ近くに問題があるにも関わらず、見落としてきた問題までも浮かび上がらせることができる。結果、抜けのない原因追究になる。

同様に、次の事例で考えてみよう。以下の「なぜ1」にはどのような答えが入るだろうか。

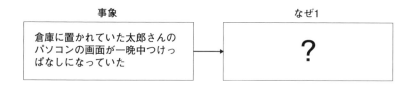

思いついたまま「なぜ」を挙げると、以下のようになってしまう。

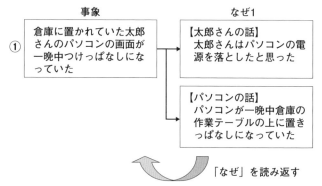

第2則　初めの「なぜ」は、「そもそも」で考える

「事象」と「なぜ1」のつながりについて、見てみよう。「なぜ1」から「事象」へさかのぼって読み返すと、

「太郎さんはパソコンの電源を落としたと思った」から「倉庫に置かれていた太郎さんのパソコンの画面が、一晩中つけっぱなしになっていた」

「パソコンが一晩中倉庫の作業テーブルの上に置きっぱなしになっていた」から「パソコンの画面が一晩中つけっぱなしになっていた」

どちらも、話がまったくつながっていない。そこで、
「そもそも、太郎さんのパソコンの画面が、一晩中つけっぱなしになっていたって、どういうこと？」
と、「そもそも」を入れて、なぜ、画面がつけっぱなしになっていたのかを考える。こうすることで、以下のような「なぜ」の展開になる。

・「そもそも」で、「なぜ1」を考えると、

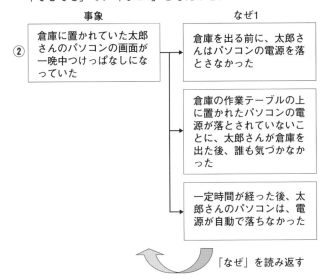

75

第3章 「なぜ?」を繰り返すときの新なぜなぜ分析10則

「なぜ1」にタテに並んだ3つの「なぜ」を、上から順に、「なぜ」の繰り返しとは逆方向に右から左へ読み返すと、

「倉庫を出る前に、太郎さんはパソコンの電源を落とさなかった」から「倉庫に置かれていた太郎さんのパソコンの画面が一晩中つけっぱなしになっていた」

「倉庫の作業テーブルの上に置かれたパソコンの電源が落とされていないことに、太郎さんが倉庫を出た後、誰も気づかなかった」から「倉庫に置かれていた太郎さんのパソコンの画面が一晩中つけっぱなしになっていた」

「一定時間が経った後、太郎さんのパソコンは自動で電源が落ちなかった」から「倉庫に置かれていた太郎さんのパソコンの画面が一晩中つけっぱなしになっていた」

となり、つじつまがはっきりする。

　さらに、3つ目。よくある誤りだ。上記と同じように考えてみよう。
　1つのフォルダー(Xフォルダー)に、A、B、Cの3つのファイルが入っていなければならないが、3つのファイルのうちBだけが入っていないことが発見された。そこで、「なぜ、Bが入っていなかったのか」を考えることになった。では、どのような答えを出していったらよいだろうか。

第2則　初めの「なぜ」は、「そもそも」で考える

- 思いつくままに「なぜ1」を考えると、

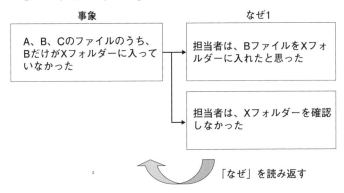

そこで、
「そもそも、A、B、Cのファイルのうち、BだけがXフォルダーに入っていなかったのはなぜか？」
と、頭の中で映像を過去に巻き戻しながら、誤った行為とともに誤った行為に対する対処の問題も入れて、「なぜ」を考える。

- 「そもそも」で、「なぜ1」を考えると、

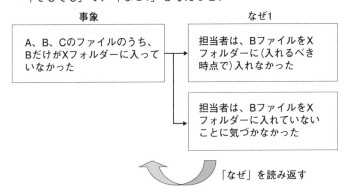

「なぜ1」から「事象」に向けて読み返すと、

「担当者は、BファイルをXフォルダーに（入れるべき時点で）入れなかった」

第3章 「なぜ？」を繰り返すときの新なぜなぜ分析10則

から「A、B、Cのファイルのうち、BだけがXフォルダーに入っていなかった」

となる。「なぜ1」の上から2つ目も同じように読み返すと、

「担当者は、BファイルをXフォルダーに入れていないことに気づかなかった」から「A、B、Cのファイルのうち、BだけがXフォルダーに入っていなかった」

となり、どちらも話の筋は通っている。

　このように、最初の「なぜ1」を考える際には、「そもそも」を付け加えて、「そもそも、なぜそうなったの？」あるいは「そもそも、それってどういうこと？」と問いかけて考えると、「事象」につながる「なぜ」を出しやすくなる。

　実は、この「そもそも」は、考える方向をはっきりさせるときによく使う。「そもそも、なぜ発生したの？」と問いかけられると、事象の文中に書かれた状態に、自然と目が向く。「そもそも、太郎さんはなんで転んだの？」と質問されると、「転んだ」に着目する。「転んだ」に着目すると、どのような転び方だったのかはっきりさせなければならないことに気づくはずだ。
　「滑った」「つまずいた」「よろけた」「ぶつかった」
　後は、転んだときの様子、つまり前提条件を踏まえて、どれにするか決める。
　「転んだ」のは「つまずいた」から。
　このように、「なんで？」の前に「そもそも」とつけて、「そもそも、なんで？」で考えると、考える方向がはっきりしてくる。少なくとも最初の「なぜ1」は、的外れな改善策を導くことのないよう、「そもそも、なんで？」と考えよう。原因追究の最初の段階で、「そもそも、なんで？」を考えずに、周囲を見渡して問題を挙げるのだけは避けなければならない。

第2則　初めの「なぜ」は、「そもそも」で考える

　上記の例は、事象の発生したいきさつがある程度わかっている場合の話だが、そもそもどの時点、あるいはどの地点で発生したのか不明だ、という事象もある。その場合には、仮説を立てながら、「なぜ」を繰り返していくことになる。

　例えば、「財布がなかった」といった事象の場合、「なぜ1」に時間の流れに沿って、時点ごとに「そもそも」で考えられる仮説を並べていく。

- 1時間前に食事の代金を支払ったときに、店のレジ前に、財布を置きっぱなしにしたのか
- 10分前に入ったトイレの棚に、財布を置きっぱなしにしたのか
- トイレを出てから今までの間に、財布を落としたのか

　後は、どの仮説が当たっているか検証したうえで、当たっている仮説に対して、さらに「なぜ」を考えていく。

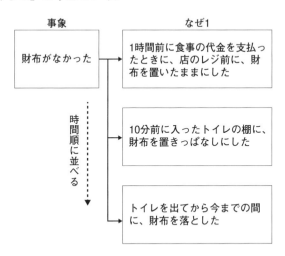

第3章 「なぜ？」を繰り返すときの新なぜなぜ分析10則

第3則 逆読みしても、筋が通るようにする

「なぜ」を逆方向に読み返すと、筋違い（理屈が合わない）がよくわかる

「なぜなぜ分析」は、思いつくままに問題を並べるものではない。筋（理屈）が通るように、「なぜ」を繰り返しながら問題を掘り下げていき、改善策を導き出すやり方である。

「なぜ」を繰り返しているときは、筋が通っている（理屈が通っている）ように見えても、「なぜ」の繰り返しを逆方向に右から左へと読み返す（逆読み）と、筋が通っていなかったり、話が飛躍していたりする。

まずは、以下の「なぜ」の繰り返しを見てほしい。果たして、これでよいのだろうか。

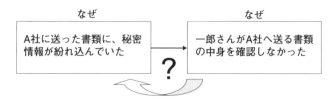

「なぜ」の繰り返しとは逆方向に読み返す（逆読み）

筋が通るように「なぜ」を繰り返していくのが、なぜなぜ分析だ。だとするならば、「なぜ」の繰り返しとは逆方向に、右から左へと読み返しても（逆読み）筋が通っていなければならない。

一見、「なぜ？」の問いに対して適切に答えているように見えても、逆読みすると筋が通っていないことがよくある。上記の「なぜ」の繰り返しを逆読みすると、

第3則　逆読みしても、筋が通るようにする

「一郎さんがA社へ送る書類の中身を確認しなかった」から「A社に送った書類に、秘密情報が紛れ込んでいた」

となり、筋が通っていないことがわかる。
　そこで、筋が通るように修正する。

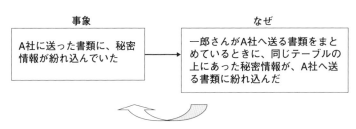

「なぜ」の繰り返しとは逆方向に読み返す（逆読み）

修正した「なぜ」の繰り返しを逆読みすると、以下となる。

「一郎さんがA社へ送る書類をまとめているときに、同じテーブルの上にあった秘密情報が、A社へ送る書類に紛れ込んだ」から「A社へ送った書類に秘密情報が紛れ込んでいた」

第1則で述べたように、「なぜ」には1コマ分だけを書くのが基本だ。ただ、絵が浮かぶくらい正確に1コマ分の文を書こうとすると、どうしても文が長めになり、逆読みするにも読みづらい。そんなときは、文の中の述語だけを取り出して逆読みする。

「紛れ込んだ」から「紛れ込んでいた」

述語を読むだけでも、筋が通っているか十分判断できる。
　逆読みしても筋が通るようになったことで、他の問題も見えてくる。秘密情報が紛れ込んだ後の対処に関する問題だ。

第3章 「なぜ?」を繰り返すときの新なぜなぜ分析10則

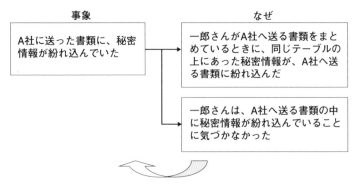

文が長いので、述語だけで逆読みすると、

「紛れ込んでいることに気づかなかった」から「紛れ込んでいた」

となる。もし、秘密情報が紛れ込んだとしても、一郎さんがそれに気づけば、一郎さんは対処したはずだ。今回は、秘密情報が紛れ込んでいることに一郎さんは気づかなかったことから、対処のタイミングを逸してしまい、秘密情報が紛れ込んだまま書類が送られてしまった、というわけだ。

次の事例でも同じように考えてみよう。

　一郎さんは、魚の入ったプラスチックのケース(長さ40センチ、幅25センチ、高さ25センチ)を両手で持って、10メートルくらい先にある水道まで運んでいた。そのケースには、水がケース容量の8割くらい入っていた。ケースに蓋はされていなかった。水道までの経路には障害物は特になかった。
　一郎さんが水の入ったケースを運んでいる途中、花子さんが「一郎さ〜ん」と、一郎さんの背後から声をかけた。一郎さんは、声が聞こえた方向

第3則　逆読みしても、筋が通るようにする

> に、体をくるりと左回りに180度向きを変えた。
> 　と、そのとき、ケース内の水が暴れて、ケース内の水が跳ねて、飛んできた水が一郎さんの目に入った。

　さて、「水が一郎さんの右目に入った」に続く「なぜ」には、どんな文が入るだろうか。

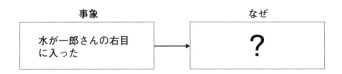

　よくあるのが、自分の失敗を人のせいにしてしまう「なぜ」だ。

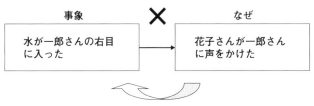

「なぜ」の繰り返しとは逆方向に読み返す(逆読み)

　読み返してみると、それがわかる。

「花子さんが一郎さんに声をかけた」から「水が一郎さんの右目に入った」

　逆読みしてみると、筋が通っていないことがわかる。
　では、どんな「なぜ」を出したらよいのだろうか。逆読みしても筋が通るように「なぜ」を出すと、次のようになる。

第3章 「なぜ?」を繰り返すときの新なぜなぜ分析10則

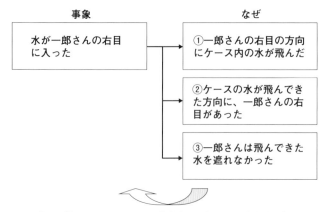

「なぜ」の繰り返しとは逆方向に読み返す(逆読み)

「①一郎さんの右目の方向にケース内の水が飛んだ」から「水が一郎さんの右目に入った」

「②ケースの水が飛んできた方向に、一郎さんの右目があった」から「水が一郎さんの右目に入った」

「③一郎さんは飛んできた水を遮れなかった」から「水が一郎さんの右目に入った」

さらに続けて、「一郎さんの右目の方向にケース内の水が飛んだ」のは、なぜだろうか?

よくあるのが、次のように飛躍した答えを出してしまうケースだ。

第3則　逆読みしても、筋が通るようにする

「なぜ」の繰り返しを読み返すと、

「一郎さんは体の向きを変えた」から「①一郎さんの右目の方向にケース内の水が飛んだ」

体の向きを変えたから、ケースの水が飛んできた、というのでは筋が通らない。くるりと体の向きを変えたことによって、どのようなことが起こり、水が飛んできた、としなければならない。つまり、話が飛躍しているのだ。
　では、どのような答えを入れればよいのだろうか。

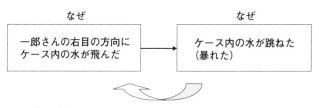

これで、

「ケース内の水が跳ねた（暴れた）」から「一郎さんの右目の方向にケース内の水が飛んだ」

となり、筋が通る。

第 3 章 「なぜ？」を繰り返すときの新なぜなぜ分析 10 則

表現のよし悪しが「なぜ」の筋を左右する

さらに「なぜ」の繰り返しを続けてみよう。では、なぜ「ケース内の水が跳ねた(暴れた)」のだろうか。

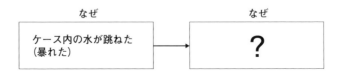

よくあるのが、以下のように言葉足らずの文になっているため、筋(理屈)がしっくりこないケースだ。

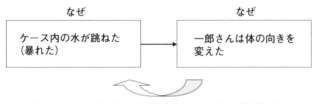

「なぜ」の繰り返しとは逆方向に読み返す(逆読み)

逆読みしてみると、

「一郎さんが体の向きを変えた」から「ケース内の水が跳ねた(暴れた)」

となる。体の向きを変えたから、ケース内の水が跳ねた(暴れた)、は筋が通っている、と考えがちだ。確かに、一郎さんが体の向きを変えたときに、ケース内の水が跳ねた。だが、このとき花子さんのほうに振り返るにしても、ゆっくり振り返ればケース内の水が跳ねることはなかった。

そこで、

「一郎さんが体の向きを変えた」

第3則　逆読みしても、筋が通るようにする

に副詞を付け加える。詳しくは**第6則**で説明するが、向きを変えるときのスピードを表す表現を付け足す。体の向きを変えるときに使う副詞には、「ゆっくりと」「すばやく」「くるりと」などがある。そこで、「くるりと」をつけ足し、さらに一郎さんの姿勢を加えると、以下のようになる。

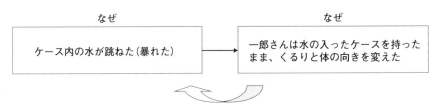

「なぜ」の繰り返しとは逆方向に読み返す(逆読み)

「一郎さんは水の入ったケースを持ったまま、くるりと体の向きを変えた」から「ケース内の水が跳ねた(暴れた)」

これで筋がしっかり通った。すべてをつなげると、こうなる。

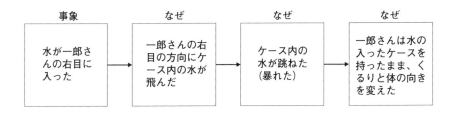

最終的には、表現のよし悪しが「なぜ」の筋を左右する。もし、「なぜ」の繰り返しが変だな、と思ったら、「なぜ」に書き込まれた文を見直してみよう。文を見直すことで話の筋(理屈)が通り、新たな気づきも見つかる。

実は、筋が通るように「なぜ」を繰り返すことができると、日ごろの会話の中で、話の筋がおかしい、あるいは正しくないというのも、すぐに判断できるようになる。ビジネスに関わる人は、特に身に着けておきたいスキルだ。

第3章 「なぜ?」を繰り返すときの新なぜなぜ分析10則

第4則　並列の問題を見逃さない

「きっかけ」と「対処」で考える

次の五郎さんの失敗を使って説明しよう。

> 五郎さんは、朝いつものように起床して、テレビを見ながら朝食をとり、身支度をした。その後、腕時計を見て、いつもと同じ時刻に家を出て、バス停に向かった。だが、バス停に着いたときにはちょうどバスは出発したところで、五郎さんはいつものバスを見送る羽目になった。
> 間に合うはずだったのにおかしいな、と思い、腕時計の針を見ると、時計の針は予定時刻の3分前を指している。
> 次にスマホを開き、画面に表示されていた時刻を見る。
> 「あれっ、しまった!」五郎さんは、このときになって初めて、実際の時刻と腕時計の時刻が3分ズレていることに気づいたのだった。

さて、上記の内容を「なぜ」の繰り返しを使って考えてみると、以下となる。

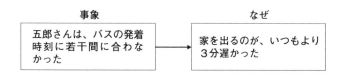

果たして「五郎さんは、バスの発着時刻に若干間に合わなかった」のは、「家を出るのが、いつもより3分遅かった」から、だけでよいのか。

遅刻しそうになって冷や汗をかいた経験のある人だったら、もうおわかりだろう。たとえ家を出るのがいつもより3分遅れたとしても、遅れに気づいて、

早歩きや経路をショートカットしてバス停までにかかる時間を少しでも短縮できれば、バスにギリギリ間に合ったはずだ。つまり、遅れに対する対処の話だ。

失敗の原因を考える際には、「家を出るのが遅れた」といった失敗の「きっかけ」だけではなく、「対処」の問題も入れなければならない。

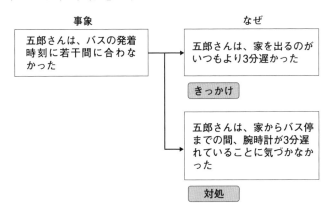

失敗の原因を考えるときの基本的なパターンを頭に入れておけば、すぐに並列関係にある「なぜ」を出すことができる。

段階ごとに考える

仕事でトラブルなどが発生し、決められた期限までに間に合わなかった、といった失敗を考える場合は、段階ごとに並列関係にある問題を挙げていく。事例で説明しよう。

当初の計画では、
準備：2日
実行：6日
検査：1日
試行：1日

の正味 10 日で終わることになっていた。だが、
- 準備に入る前に余計に 1 日かかった
- 準備は予定どおり 2 日で終了
- 実行段階でトラブルが発生。6 日のところが 7 日かかった

この時点で開始予定日から、すでに 10 日経過している。その後、
- 検査道具の準備に時間を取られ、検査に 2 日かかった
- 試行段階で、1 日のところが 2 日かかった

結果、10 日で終わるはずの仕事が 14 日かかった。

　上記のケースでは、準備、実行、検査、試行、それぞれの段階で別々の問題があった。それらの問題を実施段階の順番で並べていく。

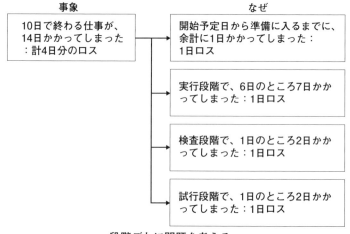

段階ごとに問題を考える

　設備やシステムに問題が発生すると、どこに問題があるのか、つながりを一つひとつたどりながら探っていくが、そのときの考え方とほぼ同じだ。違う点は、仕事の場合、各実施段階の問題だけでなく、仕事全体の進捗管理に問題があるケースが少なくない。もし各実施段階で遅れが発生したとしても、遅れを挽回すればよかったのに、対処しなかったことも問題だ。

第4則　並列の問題を見逃さない

「リーダーは、遅れに気づいていたにも関わらず、挽回策をとらなかった」のか。それとも「リーダーは、各段階が遅れていることに気づかなかった」のか。どちらにしても、遅れに対する「対処」の問題である。「対処」の問題をつけ加えると、次のようになる。

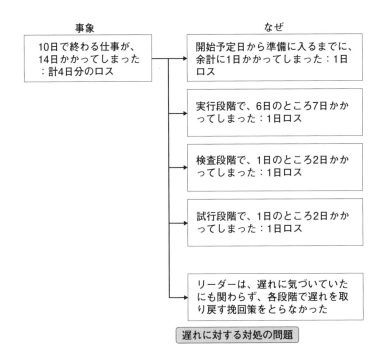

上記の場合、遅れに対する対処の問題は、一番下にまとめて記載した。

もし、リーダーが部下に仕事を丸投げしていて、各段階の遅れにまったく気づかなかった場合には、一番下の「なぜ」には、

「リーダーは、各段階で遅れていることに、まったく気づかなかった」
が入る。

このように、「きっかけ」と「対処」で考えること、そして段階ごとに考えることで、並列関係にある問題を見逃さないようにしよう。

第3章　「なぜ?」を繰り返すときの新なぜなぜ分析10則

見方を変える

（1）　主体を入れ替える

次の例で考えてみよう。

倉庫で片づけをしていた次郎さん。倉庫のわきに置かれていた、厚みが
3センチで一辺が1メートルくらいの正方形の木板を見つけた。
　板をごみ収集場所に運ぼうと、板の下に両手を入れた瞬間に、右手のひ
らに何かが刺さって、激痛が走った。
　次郎さんは慌てて両手を板の下から抜いた。なんと、手のひらに刺さっ
たのは、板から突き出た釘だった。

上記のケガの話を「なぜ」で展開すると、
「手のひらに釘が刺さった」のは、

次郎さんを主体とした問題：
「釘が突き出ているところに、次郎さんは右手を入れた」

ことが問題だ。次に、主体を次郎さんから釘に変えて文を書くと、

釘を主体とした問題：
「次郎さんが右手を入れたところに、釘が突き出ていた」

となる。このように、主体を入れ替えて、逆方向から考えることも大事だ。

92

第4則　並列の問題を見逃さない

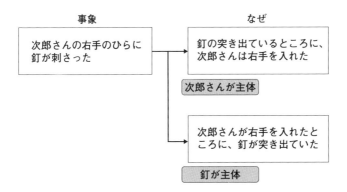

上記の「なぜ」の展開には、まだ続きがある。さらに「対処の問題」を付け加えると完璧だ。

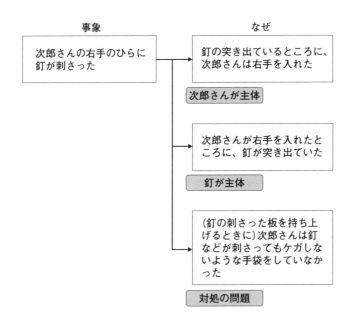

(2)　「できた」視点で考える

ケガなどでたびたびあるのが、上記のように危険なところに手を入れて、ケ

第3章 「なぜ?」を繰り返すときの新なぜなぜ分析10則

ガするというもの。こういった場合には、危険なところに手を入れることができないようにする、といった改善策を取ることもある。

　この考え方は、他にも通用する。次の事例で説明しよう。

　太郎さんは、データを更新処理する前の準備作業に取り掛かっていた。準備作業も半ば、まだ準備作業が終了していないのに、うっかり更新処理の開始ボタンをクリックしてしまった。ポインターがたまたま更新処理の開始ボタンの上にあったときに、マウスに乗せていた指が動いて、うっかりクリックしてしまった、というものだった。

　結果、データの更新の準備が終わっていないのに、更新処理が開始されてしまった。

　さて、以下の「なぜ」の繰り返しは、上記の話をもとに「なぜ」を展開したものだ。

　「データの更新の準備が終わっていないのに、更新処理が開始された」のは、「データの更新を開始する予定ではないのに、更新処理の開始ボタンが押された」から。

　では、なぜデータの更新を開始する予定ではないのに、更新処理の開始ボタンが押されたのか?

　次に続く「なぜ」には、開始ボタンを押した太郎さんを主体とした問題と、太郎さんに押された開始ボタンを主体とした問題の2つが挙げられる。

太郎さんを主体とした問題:

「更新処理の開始ボタンの上にカーソルがあるときに、太郎さんはうっかりマウスをクリックした」

第4則　並列の問題を見逃さない

開始ボタンを主体とした問題：
「太郎さんがうっかりマウスの左ボタンをクリックしたときに、たまたまポインターの下に更新処理の開始ボタンがあった」

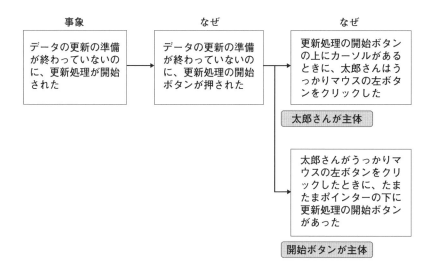

　ここからが重要だ。データの更新の準備が終わっていないのに、更新処理の開始ボタンが押されたことによって、更新処理が開始されたことは間違いない。ただ、見方を変えると、たとえ開始ボタンがうっかりクリックされたとしても、処理が開始されなければ問題は起きなかった、ともいえる。
　そこで、「〜できた」という視点から、

「データ更新の準備が終わっていないのに、更新処理の開始ボタンを1回押すと、更新処理を開始できた」

を挙げる。
　「〜できた」という問題を挙げるのは、「次回からは〜できないようにする」といった改善策を導くためだ。画期的な改善策につなげるためにも、「〜できた」という視点をもつことが大事だ。

第3章 「なぜ?」を繰り返すときの新なぜなぜ分析10則

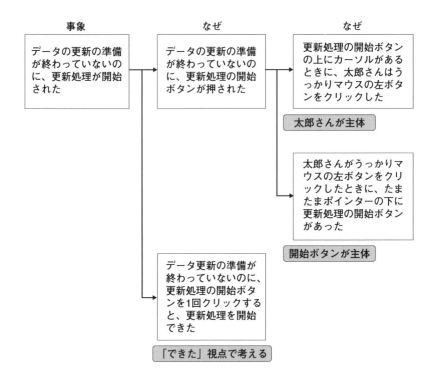

文を分解して考える

次の事例で考えてみよう。

> 　三郎さんの机の上には、書類が重ねて置かれていた。気持ちのよい天気だったこともあり、三郎さんは窓を開けた。開けた窓からは、心地よい風が入ってきた。
> 　窓を開けて1時間ほど経ったころ、窓から突然突風が吹き込んできた。突風により、机の上の書類が吹き飛ばされて、部屋に書類が散乱した。

これを「なぜ」で展開すると、

第4則　並列の問題を見逃さない

「部屋に書類が散乱した」のは、「机の上に重ねて置かれていた書類が突風で吹き飛ばされた」から。

では、なぜ、「机の上に重ねて置かれていた書類が突風で吹き飛ばされた」のか？　続く「なぜ」を考えてみよう。

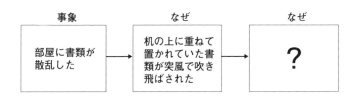

ここで、「なぜ」に書かれている文を分解してみると、次のように分けられる。

「机の上に重ねて置かれていた書類」「突風」「吹き飛ばされた」

つまり、「机の上の書類」と「風」との関わりを示している。このことから、次に続く答えは、「机の上の書類」の問題と「突風」の問題に分けられることは明らかだ。

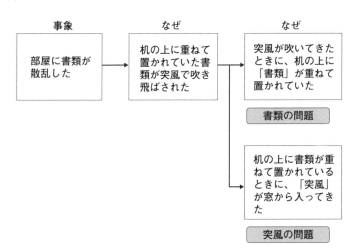

さらに、対処の問題を付け加えると、次のようになる。

第3章 「なぜ？」を繰り返すときの新なぜなぜ分析10則

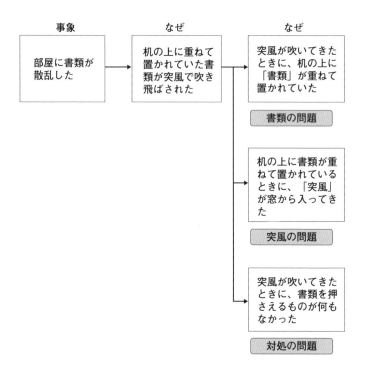

では、もう1つ。

　一郎さんが重い扉を押して、部屋の外に出ようとしたときに、部屋の中にいた花子さんに呼び止められた。
　花子さんに呼び止められた一郎さんは、右手を扉の枠に手を添えて、花子さんのほうに振り向いた。その矢先に、開いていたはずの重い扉が勢いよく閉まってきた。
　扉が閉じてきていることに気づかない一郎さんは、そのまま重い扉と枠の間に手を挟んでしまった。
　結果、一郎さんは右手を打撲してしまった。

上記を「なぜ」で展開してみよう。

第4則　並列の問題を見逃さない

　「一郎さんは右手を打撲した」のはなぜか？　それは、「扉と枠の間に、一郎さんの右手が強く挟まれた」から。

では、なぜ「扉と枠の間に、一郎さんの右手が強く挟まれた」のか？

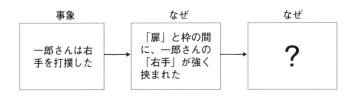

「扉と枠の間に、一郎さんの右手が強く挟まれた」の文を分解すると、
「『扉』と枠の間」「一郎さんの右手」「強く挟まれた」
となる。ということは、

- 「閉まってきた扉」の問題
- 「一郎さんの右手」の問題

に分けられることがわかる。そこで、以下のように展開する。

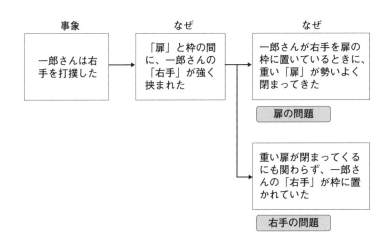

99

第3章 「なぜ？」を繰り返すときの新なぜなぜ分析10則

対処の問題もつけ加えると、次のようになる。

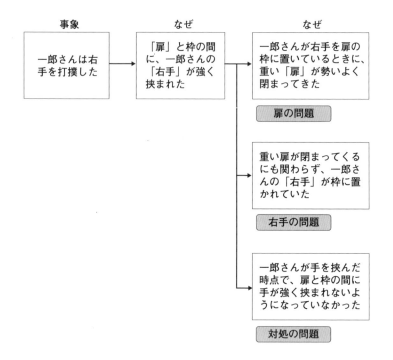

このように、並列関係にある「なぜ」を抜けなく挙げていくには、以下が有効だ。

- 「きっかけ」と「対処」で考える
- 段階ごとに考える
- 見方を変える（主体を入れ替える、「できた」視点で考える）
- 文を分解して考える

第5則 「なぜ」には問題を書く

背景と問題を区別する

まずは、以下の「なぜ」の繰り返しを見てほしい。

逆読みすると、筋が通っているように見えるが
本当にこれでいいのだろうか？

「なぜ」の繰り返しを逆読みすると、

① 「雨が降っていた」から「通路が雨で滑りやすくなっていた」
② 「通路が雨で滑りやすくなっていた」から「三郎さんは、通路で滑った」

となり、これで「なぜ」の繰り返しは問題なし、と多くの人は考えがちだ。しかし、本当にこれでいいのだろうか。「雨が降っていた」を出したところで、次の「なぜ」は出てこないし、改善策も浮かばない。

では、なぜ次の「なぜ」が出てこないし、改善策も浮かばないのか。それは、「雨が降っていた」は、「なぜ」に挙げるべきものではないからだ。

三郎さんが滑ったこと、そして通路が滑りやすくなっていたことは、どちらも問題だ。

だが、「雨が降っていた」は問題にするものではなく、滑ったときの背景だ。問題なのか、それとも背景なのか、しっかり区別して「なぜ」を出さない

第3章 「なぜ?」を繰り返すときの新なぜなぜ分析10則

と、「なぜ」の繰り返しの途中で背景が紛れ込んでしまう。

実は、これが「なぜ」を繰り返すときの落とし穴だ。今一度、本書の冒頭の説明を思い出してほしい。私たちは、失敗につながった問題を洗い出して、改善策を出したいのだ。だとするならば、問題ではないものは「なぜ」に挙げてはならない。

問題とすべき「事象」は、ある問題によって引き起こされた。ある問題は、それにつながる問題によって引き起こされた。というように、「事象」と「なぜ」のすべてにおいて、問題が表現されなければならない。

上記を修正すると、次のようになる。

「なぜ」の繰り返しを逆読みすると、

① 「通路には、水に濡れると滑りやすくなるタイルが敷かれていた」から「通路が雨で滑りやすくなっていた」
② 「通路が雨で滑りやすくなっていた」から「三郎さんは通路で滑った」

となる。

他の事例で、同じように考えてみよう。

> 五郎さんは仕事を始めて、まだ1か月。ある作業を担当しているが、顧客ごとにやり方が若干異なる。
> ようやく作業のやり方も勘所もわかってきた矢先に、リーダーから「Xが設定されていない」と指摘された。

第5則 「なぜ」には問題を書く

上記の五郎さんの失敗について、「なぜ」を繰り返したものがこれだ。

逆読みすると、筋が通っているように見えるが
本当にこれでいいのだろうか？

「なぜ」の繰り返しを逆読みすると、

① 「新人だった」から「五郎さんがXを設定しなかった」
② 「五郎さんがXを設定しなかった」から「Xが設定されていなかった」

上記のように、「新人だった」ということを「なぜ」に挙げてくる人がかなりいる。きっと、新人がやったんだからしかたがない、とでも思っているのだろう。むしろ、「新人だった」を出すと、そのことが問題となり、次回から新人は作業してはいけない、なんてことになりかねない。果たしてそれでよいのだろうか。どんな人も昔は新人だったはず。

実は、「新人だった」は失敗が起きたときの背景の一つだ。すなわち前提条件だ。ということは、「新人だった」を前提条件とし、次回からは新人でも失敗しない改善策を出さなければならないことになる。決して、「なぜ」を考える目的、あるいは原因追究の目的を忘れてはならない。

では、どうすればよいのか。この失敗は、気づきの問題と考えれば、「なぜ」を出しやすい。たとえ新人だったとしても、Xを設定しなければならないことに気づけば、Xを設定したはずだ。修正すると、次のようになる。

第3章 「なぜ？」を繰り返すときの新なぜなぜ分析10則

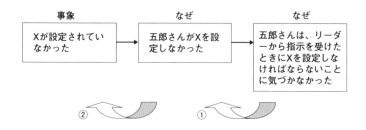

「なぜ」の繰り返しを逆読みすると、

① 「五郎さんは、リーダーから指示を受けたときに、Xを設定しなければならないことに気づかなかった」から「五郎さんはXを設定しなかった」
② 「五郎さんはXを設定しなかった」から「Xが設定されていなかった」

となり、筋が通った。

もう1つ事例を見ていただきたい。

> リーダーの一郎さんは花子さんに、今日中にZ書類を作成して、別の部署の五郎さんへ提出するよう、口頭で指示した。
>
> その後、花子さんはZ書類を作成・提出しないまま、定刻よりも早めに帰宅してしまった。
>
> 翌朝、一郎さんは五郎さんから書類の催促の連絡を受けた。

次は、上記の失敗を「なぜ」の繰り返しで考えたものだ。

第5則 「なぜ」には問題を書く

逆読みすると、筋が通っているように見えるが
本当にこれでいいのだろうか？

「なぜ」の繰り返しを逆読みすると、

① 「花子さんは早めに帰宅した」から「花子さんがZ書類を作成しなかった」
② 「花子さんがZ書類を作成しなかった」から「Z書類が作成されていなかった」

ここまでくると、もうわかるだろう。最後の「花子さんは早めに帰宅した」は問題ではなく、失敗したときの背景の一つであり、前提条件だ。

修正すると、以下のようになる。

「なぜ」の繰り返しを逆読みすると、

① 「花子さんはZ書類を作成することを忘れてしまった」から「花子さんがZ書類を作成しなかった」
② 「花子さんがZ書類を作成しなかった」から「Z書類が作成されていな

105

第 3 章 「なぜ？」を繰り返すときの新なぜなぜ分析 10 則

　かった」

となる。「早めに帰宅した」というのは背景であり、前提条件に入れるもので
あって、問題として扱うものではない。ある意味、言い訳とも受け取れる。早
めに帰宅したことは問題ではなく、依頼を受けたことを忘れてしまったことが
問題なのだ。
　背景と問題を混在させてはならない。問題のみを「なぜ」に書くことを忘れ
てはならない。

背景と矛盾する行為は、背景を加えて表現する

　背景と問題をしっかり区別しない人が多いことから、さらに次の事例で考え
てみよう。

　　リーダーの一郎さんは、ケンタさんに作業を依頼した。ケンタさんが受
　けた作業は、いつもと異なり、やり方を一部変えて実行すべきものだっ
　た。
　　「今回は、AではなくBを使って作業を進めること。データが出来上
　がったら、五郎さんに送ってほしい」
　　指示を受けたケンタさんは、すぐさま作業に取り掛かった。依頼を受け
　たその日のうちに作業は終了し、出来上がったデータを五郎さんへ送っ
　た。
　　データを受け取った五郎さんは、データをシステムに投入した。その直
　後に、システムエラーが発生した。五郎さんが投入したデータを確認した
　ところ、データの作成においてBではなくAが使われていたことが判明
　した。

　上記の失敗をもとに、「なぜ」を繰り返すと、次のようになった。

106

第5則 「なぜ」には問題を書く

逆読みすると、筋が通っているように見えるが
本当にこれでいいのだろうか？

「なぜ」の繰り返しを逆読みすると、

① 「仕事が詰まっていた」から「ケンタさんは作業を早く終わらせたかった」
② 「ケンタさんは作業を早く終わらせたかった」から「ケンタさんはいつもと同じように作業を進めた」

となる。このような誤りのある「なぜ」の繰り返しもよく見かける。原因追究の際に、「なぜ」に挙げるのは問題だけにしてほしい。

ほとんどの人は、いくつもの仕事を抱えながら仕事をしているし、作業は早く終わらせたいとも思っている。「仕事が詰まっていた」や「作業を早く終わらせたかった」は問題ではなく、背景（前提条件）にすぎない。「売上が上がらないのは景気が悪いから」と、背景を問題にすり替えて言い訳する営業担当者と同じだ。優れたスポーツ選手たちは、決して負けた原因を競技会場のせいにしない。

「ケンタさんは、いつもと同じように作業を進めた」では、何が問題なのかはっきりしない。いつものやり方のまま作業を進めたことに問題があるのは確かなのだが、キーワードをしっかり入れて文を書くと、問題がはっきりしてくる。今回の失敗のキーワードは、いつもはAだが今回はBだったこと。キー

107

第3章 「なぜ？」を繰り返すときの新なぜなぜ分析 10 則

ワードを入れて表現すると、
「ケンタさんはBを使うところを、いつもと同じAを使って作業を進めた」
となる。
　上記を修正すると、次のようになる。

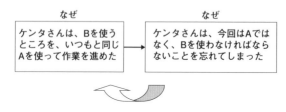

「なぜ」の繰り返しを逆読みすると、以下となる。

「ケンタさんは、今回はAではなく、Bを使わなければならないことを忘れてしまった」から「ケンタさんは、Bを使うところを、いつもと同じAを使って作業を進めた」

「Bを使うところを」は、1コマ表現でいうところの背景に相当する。背景と矛盾する行為・動きは、その背景を加えて表現しなければならない。背景を加えないと意味がはっきりしない例を以下に示す。

意味がはっきりしない	背景を加えて意味をはっきりさせる
「太郎さんは外出した」	⇒ 「台風が接近しているにも関わらず、太郎さんは外出した」
「画面が点かなかった」	⇒ 「電源が入っているにも関わらず、画面が点かなかった」
「五郎さんは掃除をしなかった」	⇒ 「五郎さんは掃除を依頼されていたにも関わらず、掃除をしなかった」

問題をはっきりさせて、「なぜ」を繰り返していくことを忘れてはならない。

第6則 「なぜ」には絵が浮かぶ文を書く

雑な表現が誤った思考を誘う

　自らの表現が、自らの思考にも影響する。人の失敗を考えるとき、私たちは日ごろ使っている表現を使って考える。表現が的確であれば、的確に考えることができ、的確な答えが出てくる。だが、雑な表現や、表現に誤りがあると、的確な答えは出てこない。

　例えば、「設定が間違っていた」といった雑な表現。これだと、以下のどれなのか、さっぱりわからない。

- 設定項目に誤りがあったのか
- 設定値に誤りがあったのか
- 設定する手順に誤りがあったのか

　まずは、以下の雑な「なぜ」の繰り返しを見ていただきたい。

いかにも雑な「なぜ」の繰り返し

「なぜ」の繰り返しを逆読みすると、

① 「太郎さんは確認しなかった」から「太郎さんが設定した」
② 「太郎さんが設定した」から「設定が間違っていた」

第3章 「なぜ?」を繰り返すときの新なぜなぜ分析10則

となる。

「なぜ」と「なぜ」の筋(理屈)も通っていないし、何をどう間違えたのかはっきりしない。このような雑な「なぜ」の繰り返しは、大企業も含めて多くの企業で散見される。

しかも、こんな雑な考えで記述された報告書にも関わらず、管理職が承認している。これでは、しっかりした改善策が出てくるはずもないし、職場もよくならない。

では、どうすればよいのか。真っ先にやることは、一つひとつの「なぜ」を、意味がはっきりするように修正すること。頭の中に、絵がはっきり浮かぶくらい、文中にキーワードを入れた具体的な文を書く。キーワードを入れた具体的な文を書くと、考える方向がしっかり決まる。

上記を修正すると、

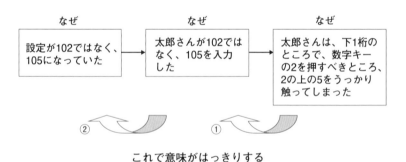

これで意味がはっきりする

「なぜ」の繰り返しを逆読みすると、

① 「太郎さんは、下1桁のところで、数字キーの2を押すべきところ、2の上の5をうっかり触ってしまった」から「太郎さんが102ではなく、105を入力した」

② 「太郎さんが102ではなく、105を入力した」から「設定が102ではなく、105になっていた」

第 6 則 「なぜ」には絵が浮かぶ文を書く

誰が見ても納得できる「なぜ」の繰り返しになった。

説明を受けると簡単そうに見えるが、絵が浮かぶ文を書くというのは容易なことではない。日ごろから文を書くとき、あるいは会話するときに、相手に伝わるように注意しながら言葉を選んで表現している人は、そう多くはないからだ。せめて原因追究のときくらいは、しっかりした表現を心掛けたい。

的外れな答えを出して、恥をかかないようにするためだ。

絵が浮かぶよう、キーワードを入れる

次の「なぜ」の繰り返しを見ていただきたい。

いかにも雑な「なぜ」の繰り返し

「なぜ」の繰り返しを逆読みすると、

① 「確認が不十分だった」から「次郎さんは間違った宛名を入力した」
② 「次郎さんは間違った宛名を入力した」から「間違った相手に資料が送られた」

②はおおよそ筋が通っているが、①はまったく筋が通っていない。特によくないのは、最後の「確認が不十分だった」だ。「確認が不十分」と言われても、意味がはっきりせず、非常にあいまいな表現だ。このままだと、「次からはしっかり確認しよう」といった、改善策といえないものを出して終わり、という結果になりかねない。

111

第3章 「なぜ?」を繰り返すときの新なぜなぜ分析10則

あいまいな「なぜ」が出てきてしまうのには、ちゃんと理由がある。そもそも最初の「なぜ」に書き込まれた表現が雑だからである。そこで、最初の「間違った相手に資料が送られた」から順に修正していく。

まずは、「間違った顧客」を修正する。例えば、正しくは「HITOSHI」で、誤った宛先は「HIROSHI」だったとしよう。キーワードを入れて文を書くと、

「『HITOSHI』ではなく、誤って『HIROSHI』に資料が送られた」

となる。この表現を、続く「なぜ」にも入れて文を書くと、

「次郎さんは、『HITOSHI』ではなく、誤って『HIROSHI』を宛名に入力した」

となる。となると、「T」と「R」の違いであることがはっきりしてくる。

さらに、「T」と「R」の違いをもとに「なぜ」を考えると、次のようになる。

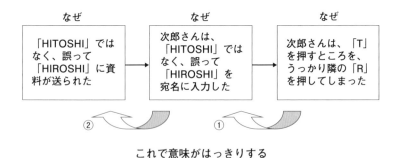

これで意味がはっきりする

「なぜ」の繰り返しを逆読みすると、

① 「次郎さんは、『T』を押すところを、うっかり隣の『R』を押してしまった」から「次郎さんは、『HITOSHI』ではなく、誤って『HIROSHI』を宛名に入力した」

② 「次郎さんは、『HITOSHI』ではなく、誤って『HIROSHI』を宛名に入力した」から「『HITOSHI』ではなく、誤って『HIROSHI』に資料が送られた」

修正前と見比べてみると、修正後のほうが問題がはっきりしている。

時点と主体をはっきりさせる

まずは、事例を見ていただきたい。

> 　顧客企業の担当者より部品の製作を頼まれた課長は、部品の製作を協力会社に依頼するよう、リーダーに指示を出した。すぐさま、リーダーは、技術担当者に指示を出す。
> 　リーダーからの指示内容は、部品の製作を協力企業に依頼し、出来上がったものを顧客企業の担当者へ送るというものだった。
> 　指示を受けた技術担当者は、協力企業の製作担当者に部品の製作を依頼した。
> 　その後、協力企業の担当者が部品の設計図を作成し、技術担当者がそれを承認した。承認された設計図をもとに、協力企業の製作担当者は部品を製作した。部品は技術担当者に送られ、技術担当者はそれを検品したうえで、顧客企業の担当者へ送った。
> 　部品を受け取った顧客企業の担当者は、送られてきた部品が自分の頼んだものと異なることに気づき、その旨を当社の技術担当者に連絡した。
> 　体制図、およびいきさつフロー図、前提条件は、以下のとおりである。
>
>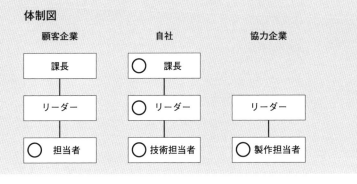

第3章 「なぜ？」を繰り返すときの新なぜなぜ分析10則

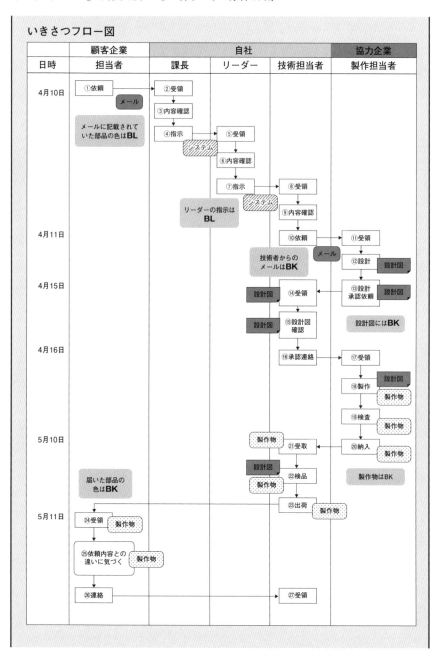

第6則 「なぜ」には絵が浮かぶ文を書く

[前提条件]
- 顧客企業の担当者が依頼したものは、部品の色が青(BL)だったが、顧客企業に納入された部品は黒(BK)だった
- 顧客の依頼内容には、色の仕様は、BL(青)と記載されていた
- 課長からリーダーへの指示内容には、色の仕様は「BL」と記載されていた
- 技術担当者から協力企業の製作担当者へのメールには、「BL」ではなく、「BK」と記載されていた
- 設計図(BK)と製作物(BK)には違いはなかった

※上記はいきさつフロー図に記入済み

次の「なぜ」の繰り返しを見ていただきたい。

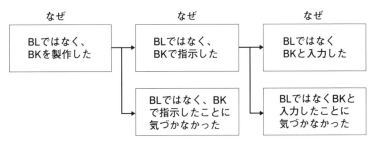

「なぜ」の一つひとつは、どの時点の誰の話なのか

　上記のような「なぜ」の繰り返しも、多くの企業でよく見かける。上記の「なぜ」には、主語がまったくない。また、どの時点の話なのか、わかりづらい。特に、「気づかなかった」とあるが、誰がどの時点で気づけばよかったのか、はっきりしない。このままだと、人によって解釈がばらついてしまう。解釈がばらつかず、イメージが固まる「なぜ」にするには、主語と時点をはっきり表現しなければならない。
　そこで、まずは主語を入れる。

第3章 「なぜ？」を繰り返すときの新なぜなぜ分析10則

　次に、「なぜ」の一つひとつがどの時点の話なのかをはっきりさせるために、該当する時点の番号をいきさつフロー図から拾って、「なぜ」の一つひとつに記入する。主語と時点を示す番号の2点を入れたものを以下に記載する。

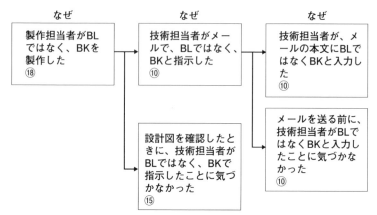

＊「なぜ」の中の番号は、いきさつフロー図の該当する時点の番号を指す
主語と時点を付け加える

　このように、主語および時点をしっかり表現することで、上記以外の問題も見えてくる。新たな「なぜ」を付け足すと、次のようになる。

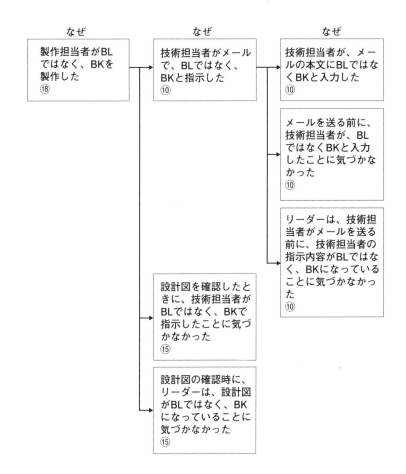

修飾語を入れて、状態をしっかりとらえる

　状態を表現するときには、修飾語が欠かせない。修飾語を入れないと、イメージがしっかり固まらず、的外れな答えが出てくる。まずは、事例を見ていただきたい。

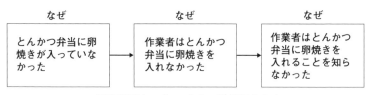

修飾語がないと、イメージが固まらない

　一見すると、これでよいと判断しかねないが、このままだと的外れな改善策が導かれてしまう。上記の「なぜ」に修飾語を入れると、失敗に至った問題がしっかり見えてくる。

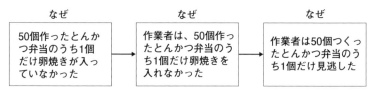

修飾語があると、イメージが固まる

　「何個中何個」や「何番目」といった修飾語を付け加えることで、イメージがしっかり固まり、的確な改善策が出てくる。
　もう1つ、修飾語に関わる事例を見てほしい。

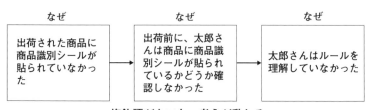

修飾語がないと、考えが乱れる

　これもよく見かける「なぜ」の繰り返しだ。こんな原因追究では、失敗は決してなくならないだろう。「なぜ」の一つひとつに修飾語を入れると、以下のようになる。

第6則 「なぜ」には絵が浮かぶ文を書く

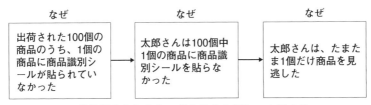

修飾語を入れると、考える方向がしっかりする

　上記には、「何個中何個」を追加するだけでなく、最後の「なぜ」に「たまたま1個だけ」を付け加えて、「確認しなかった」を「見逃した」に表現を変えた。
　「たまたま1個だけ」を付け加えるだけで、考える方向が変わる。シールが貼られていなかった1個の商品は、太郎さんが見逃したとき、どこにどのように置かれていたのか、はっきりさせなければならないことが見えてくる。修飾語の重要性に、改めて気づいていただきたい事例だ。

　ところで、失敗の多くは、何らかの確認ミスが関わっている。確認ミスを取り上げる場合、「確認不十分」といった意味がはっきりしない単語は、できるだけ避けるべきだ。「確認不十分」ではなく、

「確認しなかった」「確認できなかった」「確認しづらかった」

として、さらに修飾語である副詞を付け加える。「確認しなかった」につけ加える副詞は、次の4つだ。

「いつも」「たまたま」「すべて」「一部だけ」

　もちろん、副詞だけでなく、何のどこを確認しなかったのか、確認の中身を明記することも忘れてはならない。

119

第3章 「なぜ？」を繰り返すときの新なぜなぜ分析10則

　ここで注意することがある。上記のことは、あくまで「〜を確認すること」が明文化されていた（決められていた）場合に限っての話だ。「〜を確認すること」が決められていない場合は、「〜を確認しなかった」は出さず、手前の「〜に気づかなかった」で、「なぜ」の繰り返しを止める。詳しくは**第10則**で述べる。

グラフ化できる表現にする

　「処理速度が増加した」「圧力が低下した」
　上記は、ある程度意味は通じるが、表現をもとにグラフを描こうとすると、表現が足りないため描けない。グラフが描けない表現のまま、数値が関係する問題を考えようとすると、どうしても大雑把な議論に入ってしまい、最終的に的外れな答えを導いてしまう。例えば、
　「水温が低下した」
といったイメージの固まらない表現。多くの技術者に、こういった表現が目立つ。イメージの固まらない表現は、数値の変化を的確に捉えきれていないか、あるいは単に表現が雑なだけ、のどちらかを意味する。自分だけで考えるのであればまだしも、複数人と一緒に考えるのであれば、相手の解釈がブレないよう、変化の状態を的確に表現したい。

　変化の状態を的確に表現するには、グラフ化できる表現にすること。数量、速度、温度、圧力といった数値の変化に関わる問題を扱う場合、グラフ化できる表現が欠かせない。
　グラフが描けるよう、数値だけでなく、変化の様子を表す副詞を入れて、
　「水温が、12時間で25度から20度に徐々に低下した」
とする。こうすれば、グラフが描ける。

　企業の原因追究を見ると、特に技術的な問題の場合に、数値は入っている

が、副詞が入っていないケースが少なくない。実は、文を見るだけで、技術者が普段から的確に問題を捉えているかどうかがわかる。数値の変化を表現する副詞には、

「急激に」「徐々に」「ときどき」「周期的に」「不定期に（ランダムに）」

などがある。数値の変化を問題にする場合には、変化の様子をしっかり捉えたうえで、グラフ化できるくらいの的確な表現が求められる。

比較の対象をはっきりさせる

「速度が遅かった」「温度が低かった」「時間が多くかかった」「長さが足りない」

何となく意味は通じるが、イメージがはっきり浮かばない。なぜなら、比較の対象がはっきりしないからだ。

「遅い」「低い」「多くかかった」「足りない」は、何かと比較したときに使う表現だ。その何かとは、主語と相対関係にあるものを意味する。例えば、

「時間がかかった」

の表現だが、比較の対象がはっきりしていない。このままだと漠然とした考え方に陥りがちで、的外れな意見をも呼び込んでしまう。

ここで、比較対象を加えると、

「計画に対して時間がかかった」

となる。数値も加えると、

「計画に対して1時間余分にかかった」

「2時間の計画に対して、3時間かかった」

としたい。こうすることで、「1時間余分にかかった」ことに絞って原因追究でき、漠然とした考えや的外れな議論に振り回されることもなくなる。

ところで、比較対象をはっきりさせると、比較対象そのものを問題にできるという利点がある。例えば、次の表現で考えてみよう。

第3章 「なぜ?」を繰り返すときの新なぜなぜ分析10則

「太郎さんは歩くのが早い」

上記の表現に、比較対象を加えると、

① 「一郎さんに比べて、太郎さんは歩くのが早い」

となる。反対に、太郎さんを比較対象にすると、

② 「太郎さんに比べて、一郎さんは歩くのが遅い」

となる。

上記は、見る方向が異なる。①は、一郎さんから見た表現だが、②は太郎さんから見た表現である。相対関係にある物事の場合は、一方からの見方だけでなく、反対方向からの見方もあることを忘れてはならない。

あちこちで、現存するルールや規定に対して実際の手順に誤りがある、といった、警察の取り締まりを連想させるような声を耳にする。法律だって、時代に合わなくなってきたものが数多くあるように、場合によっては、実際の手順に対して、ルールや規定に誤りがある、と反対方向から考えることも必要だ。

表現のあいまいさを絵で補う

人とモノが関わって失敗した場合、モノの位置や方向をはっきりさせないと次の答えが定まらない。会話の中では、言葉だけでは表現しづらい場合、モノを使いながら表現したり、ジェスチャーを使って表現したりする。

だが、「なぜ」の繰り返しでは、ジェスチャーは使えない。言葉を使った表現だけではイメージが定まらない場合には、「なぜ」の文の下に絵を添えて、表現のあいまいさを補うとよい。

例えば、「シールの位置がズレた」で考えてみよう。このままだと、シールの位置がどっちの方向に、どのくらいズレたのか、はっきりしない。方向は、右なのか、左なのか、斜めなのか。若干ズレたのか、少しズレたのか、大幅にズレたのか。

122

第6則 「なぜ」には絵が浮かぶ文を書く

　表現するのも難しいが、たとえ表現できたとしても、言葉だけではすぐにイメージできない人も少なくない。方向やズレを表現する場合には特に気をつけたい。

　こんな場合には、文にできるだけキーワードを入れて、「シールの位置が左下に少し傾いていた」としたうえで、文の下に絵を添える。表現のわかりづらさや、あいまいさを絵が補ってくれる。

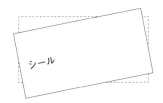

＊破線は正しい位置、実線が実際の位置
シールの位置が左下に少し傾いていた

　表現をもっと磨かなければならないと思った人は、拙著『「秒」で伝える「観察力×表現力」を鍛える100のレッスン』(日経BP、日本経済新聞出版、2023年)をご一読いただき、表現のコツをつかんでほしい。

第7則 やらなかったミスなのか、間違えたミスなのか

心情面には「なぜ」で踏み込まない

　私たちが企業内で行う原因追究の場合、失敗の原因追究の目的は、どんなときでも誰がやっても確実にできるようにするための改善策を出すことだ。失敗した当事者の心情面、例えば、焦っていた、慌てていた、といったことを持ち出すと、イタチごっこになりかねない。

　あるときモノが届かず焦っていた、ということから、焦りの大元であるモノの手配を改善したとしても、次はモノは届いたが頼んだモノと異なるモノが届いて焦っていた、といった別の焦らせるものが必ずやってくるからだ。

　もちろん、当事者や関係者の身長や体重、性格、病気といった個人的なことも取り上げるべきではない。もし、個人的な問題があって、会社として解決すべき問題ならば、原因追究時に検討するのではなく、別の形で検討すべきだ。

　週刊誌などは、ジャーナリストとして責任追及するために、責任者としての責任意識が足りない、といった心情的な話を持ち出す。そもそも、人の心情面、あるいは精神面を非難するような表現は、相手を追い込むときに使われるものだ。よほど気をつけないと、相手は自分が攻撃されたと思ってしまう。

　私たちが、会社内で実施する原因追究は、相手を追い込むためにやるものではない。誰が責任を取るのかについては、いうまでもなく、職場や会社をマネジメントしている管理職あるいは経営層が取ればよいことだ。

　私たちに求められているのは、たとえ焦っていたとしても、気分が乗らなかったにしても、おっちょこちょいの太郎さんでも、間違いなく、確実にできるようにしなければならない、ということだ。このことを忘れないように。

第7則　やらなかったミスなのか、間違えたミスなのか

〈原因追究で取り上げるべきではない、心情面の話〉

「一郎さんは、危機意識が足りない」：×
「太郎さんは、焦っていた」：×
「三郎さんは、ぼーっとしていた」：×

ところで、部下に対して「危機意識が足りない」と、他人事のように豪語する管理職や経営層がいる。部下の危機意識の低さを責める前に、部下の危機意識を高められなかった自らの仕事のしかたを見直すべきだ。部下の危機意識を向上させるのは、管理職や経営層の役割だからだ。

「やらなくて失敗した」パターンと「やって失敗した」パターン

　人の失敗を考える場合、「やらなくて失敗した」パターンと、「やって失敗した」パターンのどちらかで考えるとわかりやすい。必ずしもパターンどおりにはいかないときもあるが、基本型として頭に入れておくと便利だ。

(1)　「やらなくて失敗した」パターン

　まずは、「やらなくて失敗した」パターンだ。
　「やらなくて失敗した」パターンは、「やるべきことがやられていなかった」という状態から始まる（次ページの図を参照）。簡単そうに見えるが、どの時点の話なのか、頭の中でしっかり押さえていかないと、図のように整理するのは難しい。そこで、次の事例で、一つひとつ手順を踏んで、考えてみよう。

125

第3章 「なぜ？」を繰り返すときの新なぜなぜ分析10則

やらなくて失敗したパターン

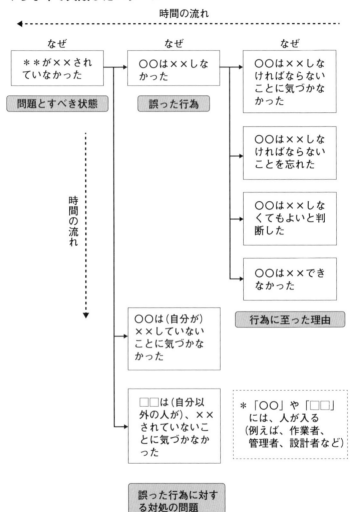

第7則　やらなかったミスなのか、間違えたミスなのか

　まずは、ケンジさんが朝起きてから会社に行くまでのいきさつを書き出す。次に、時間に沿って順番に通し番号を入れる。通し番号は、「なぜ」の一つひとつがどの時点の話なのか、はっきりさせるために使う。

〈いきさつ〉

①　起床した

②　朝食を食べた

③　歯磨きなど身支度をした

④　書類をバッグに入れた

⑤　ハンカチとスマホをズボンのポケットに入れた

⑥　家を出る前に、忘れ物はないか、頭の中で思い出しながらチェックした

⑦　家を出た

⑧　会社に着いた

⑨　バッグの中に財布が入っていないことに気づいた

⑩　前日に財布を別のバッグに入れたことを思い出した

　では、なぜ「バッグの中に財布が入っていなかった」のか、考えてみよう。ここで、時点を見失わず「なぜ」を繰り返すために、工夫を加える。「事象」も含めて「なぜ」に書かれた内容はどの時点の話なのか、当てはまる時点の番号をいきさつの中から探す。そして、その番号を「なぜ」に加える。「〜の時点で」と書くところを、いきさつの番号で代用するわけだ。

　「バッグの中に財布が入っていなかった」は、財布がないことに気づいたときの話。当てはまる時点をいきさつから探して、その時点の番号を加えて、
　「⑨　バッグの中に財布が入っていなかった」
とする。
　では、なぜバッグの中に財布が入っていなかったのか。それは、ケンジさんが財布をカバンに入れなかったから。

127

第3章 「なぜ?」を繰り返すときの新なぜなぜ分析10則

「財布をバッグに入れなかった」は、④のバッグに書類を入れているときの話だとすると、

「④　ケンジさんは財布をバッグに入れなかった」

となる。

では、なぜ「④　ケンジさんは財布をバッグに入れなかった」のか。

それは、「財布を別のバッグに入れたことを忘れていた」から、といったことが続く。

いきさつの中の当てはまる時点の番号を探して、

「①～④　ケンジさんは、前日に財布を別のバッグに入れたことを忘れていた」

とする。

ここで、「忘れていた」のは、朝起床してから別のバッグに入れたことを思い出すまでの間、つまり「①～④」ではなく、「①～⑩」と考えがちだ。冒頭で述べように、続く「なぜ」は、前の「なぜ」より過去でなければならない。このことから、「④　入れなかった」のはなぜか?　に続く「なぜ」は、④と同じ時点か、それよりも過去でなければならない。よって、「①～⑩」ではなく、「①～④」となる。

「なぜ」に書き込まれた内容によっては、ある時点ではなく、ある時間帯、ある期間の話ということもある。その場合は「①～④」といった表記になる。

内容によっては、いきさつの①よりも過去の話ということもある。その場合は、「0(ゼロ)番」とする。

ここで見逃してはならない問題がある。たとえ、バッグに書類を入れているときに、バッグに財布を入れなかったとしても、家を出る直前にそれに気づけばよかったのに、といった問題、つまり、「誤った行為に対する対処の問題」だ。

そこで、財布をバッグに入れなかった問題とは別に、対処に関わる問題を挙

128

第7則　やらなかったミスなのか、間違えたミスなのか

げる。

「⑥　ケンジさんは、バッグに財布を入れていないことに気づかなかった」

上記の問題をなぜなぜ分析で整理すると、以下のようになる。

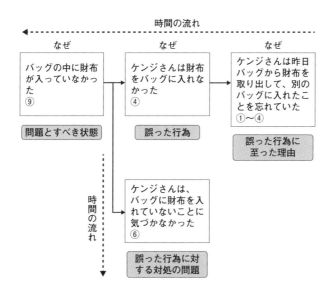

いきさつの通し番号を使って、「なぜ」の一つひとつの時点を押さえていくことで、どの時点の話なのか、「なぜ」の繰り返しが過去に遡っているか、はっきり見えてくる。

(2) 「やって失敗した」パターン

次は、「やって失敗した」パターンだ。「やらなくて失敗した」パターンと、基本的には同じパターンとなる（次ページの図を参照）。

「やって失敗した」パターンは、「(正しくは)××ではなく、△△になっていた」という状態から始まる。次のケースで、具体的に考えてみよう。

第3章 「なぜ？」を繰り返すときの新なぜなぜ分析10則

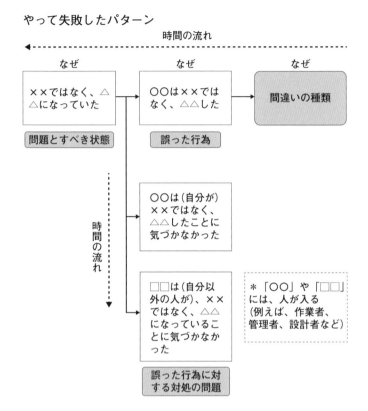

〈いきさつ〉

① クリスマスの1週間前に、5歳の志郎さんがサンタクロースに宛てた手紙には、「ぽーるがほしい」と書かれていた。
② 手紙を見たお父さんは、「ぽーる」をテニスボールだと思った。
③ 数日後、お父さんはテニスボール2つを買った。
④ クリスマスイブの夜、お父さんは2つのテニスボールを、志郎さんの枕元に置いた。
⑤ 翌朝、目覚めた志郎さんは、枕元に置かれていたテニスボールを見て、大声で「違う！」と叫んだ。

第7則　やらなかったミスなのか、間違えたミスなのか

⑥　それを聞きつけて、お父さんが志郎さんに尋ねたところ、欲しかったのはテニスボールではなく、サッカーボールだったことが判明した。

スタートは、志郎さんが起床したときに見た状態を書く。

「志郎さんの枕元に置かれていたものは、サッカーボールではなく、テニスボールだった」

それはなぜか。
次に続くのは、状態を作った行為の話だ。

「お父さんがサッカーボールではなく、テニスボールを志郎さんの枕元に置いた」から。

それはなぜか。
　誤った行為は、その前の誤った行為から来た。ということで、次も行為の話が続く。

「お父さんがサッカーボールではなく、テニスボールを買った」から。

　次が肝心なところだ。では、なぜお父さんはサッカーボールではなく、テニスボールを買ったのか。
　次に続くのは、

「お父さんは、手紙の「ぼーる」を見て、テニスボールだと勘違いした」

といった、誤った行為につながった間違いの種類の話が来る。

131

第 3 章 「なぜ？」を繰り返すときの新なぜなぜ分析 10 則

　この事例でも見逃してはならないのは、勘違いに対する対処の問題だ。たとえ、お父さんが「ぼーる」をテニスボールだと勘違いしても、家族の誰かがお父さんの勘違いに気づけば、テニスボールを買うことはなかったはずだ。このことから、

　　「お父さん以外の家族は、お父さんがテニスボールだと勘違いしていること
　　に気づかなかった」

を挙げる。
　さらに、お父さんが誤ってテニスボールを買ってきたとしても、家族の誰かがそれに気づけば、最終的に志郎さんの枕元にテニスボールが置かれることはなかった。
　よって、

　　「お父さん以外の家族は、お父さんがサッカーボールではなく、テニスボー
　　ルを買ってきたことに、気づかなかった」

を追加する。

　「なぜ」の一つひとつに、いきさつの中の当てはまる時点の番号を入れて整理してみると、「なぜ」と「なぜ」のつながりがはっきりするし、抜けている「なぜ」も見えてくる。

132

第7則　やらなかったミスなのか、間違えたミスなのか

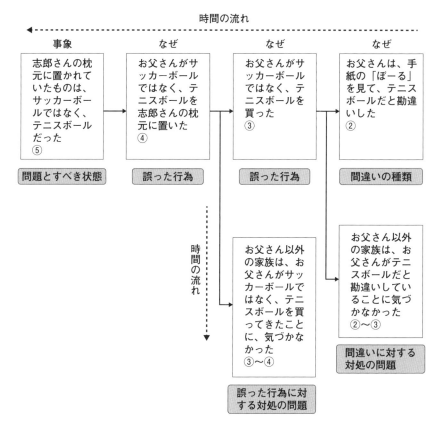

次は、「間違いの種類」について説明しよう。

「やって失敗した」場合は、間違いの種類を特定する

「やって失敗した」場合は、どんな間違いがあったのか、間違いの種類を特定する必要がある。間違いの種類が特定できれば、それをなくす改善策を考えればよいのだ。

やり方は、いたって単純だ。失敗した動作の一つひとつを見ていきながら、間違いの4段階を念頭に、間違いの種類を特定する。

第3章 「なぜ？」を繰り返すときの新なぜなぜ分析10則

- 人の前に「情報」が現れる
- 人は、情報を目や耳で「受け取る」
- 人は、受け取った情報をもとに「判断」する
- 人は、判断をもとに「行動」に移す

これらを図にしたものが、間違いの4段階だ。

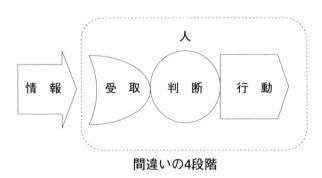

間違いの4段階

それぞれの段階における間違いの種類には、

「情報」：情報の誤り
「受取」：見間違い、聞き間違い
「判断」：勘違い、勝手な判断
「行動」：うっかり（触れた、など）

がある。例えば、
「太郎さんは、正しくは数字の「8」を入力するところを、「6」を入力した」の場合、間違いの4段階をもとに、どの動作のときに、どんな間違いがあったのか考える。
　動作単位で考えると、太郎さんの間違いは、情報を受け取る「受取」段階の見間違いであることがわかる。
　よくある間違いには、

第7則　やらなかったミスなのか、間違えたミスなのか

- D(ディー)に対して、E(イー)…「受取」：聞き間違い
- いつもと同じだと思った…「判断」：勘違い
- 3に対して6　　　　　…「行動」：うっかり(数字キーの上下)

といったものがある。

　一つひとつの動作に沿って、「間違いの4段階」をもとに間違いの種類を導き出す。日ごろから自分の失敗をもとに考えてみるのもよいだろう。

「あいまいさ」「まぎらわしさ」「気づきづらさ」が「間違い」を引き起こす

　「間違い」を引き起こす主な要因に、「あいまいさ」「まぎらわしさ」と「気づきづらさ」がある。

(1)　「あいまいさ」

　きっと身に覚えがあるはずだ。「あいまいさ」とは、依頼や指示のあいまいさを指す。「あなたの横にあるペンを取ってくれ」と口頭で依頼したとしても、左右どちらか言わないと、相手は勝手に解釈してしまい、自分が思っていたのとは逆のほうに体を向けてしまう。

　メールで指示するにしても、「書類を顧客に送ってほしい」と、最新バージョンの書類があることを伝えずに指示すると、指示を受けた人はパソコン画面で最初に見つけた書類を送ってしまう。

　特に、管理職やリーダーは日頃から表現について慎重にならなければならないが、そうでないと失敗が起きる。

(2)　「まぎらわしさ」

　私たちの社会には、まぎらわしい地名や人名といったまぎらわしいモノが至

135

第3章 「なぜ？」を繰り返すときの新なぜなぜ分析10則

る所にある。サービス関係の窓口や受付の最前線で仕事をしている人たちは、常に神経を研ぎ澄ませて、まぎらわしい相手の言葉を聞き取らなければならない。どんな業務でも、まぎらわしいものが必ずある。

- まぎらわしい品名・品番
- まぎらわしい形
- まぎらわしい色・光
- まぎらわしい位置
- まぎらわしい表現・表示

まぎらわしいものをまったく別のものに変えることは難しくても、まぎらわしい状態に引っかからないよう工夫することはできるはずだ。雇用の流動化がますます高まっていくことを考えると、職場に新しく入ってきた人が引っかからないようにするために、「まぎらわしさ」は放置できない問題である。

(3) 「気づきづらさ」

① いつもとの違いに気づかなかった

よくあるのが、いつもとの違いに気づかず、いつもと同じように作業を進めて失敗するケースだ。いつもと違うことを示す情報が書類に記載されていても、表示位置や大きさによっては見逃してしまう。

見逃すような記載事項は、だいたい書類の片隅に記載されていて、枠も小さく、文字も小さめだったりする。誰のための何を目的とした書類なのかよく考えて、書式を決める必要がある。

② 仕事が終わっていないことに気づかなかった

以下のような話を、多くの企業で耳にする。

第7則　やらなかったミスなのか、間違えたミスなのか

　「10月5日までに書類を作成し、できあがったらA社の鈴木さんへ送っておいてくれ。」
　管理職は部下にそう指示したが、その後部下は指示を受けた仕事をすっかり忘れてしまった。管理職も、部下に仕事を指示したことすらも忘れてしまった。
　上司も部下もやるべき仕事を忘れてしまい、期限が過ぎたころ、相手から催促の連絡が入った。

　確かに、指示を受けた部下がやるべきことを忘れてしまったことが問題だ。だが、指示した仕事を部下がやっていないことに、指示した上司が気づかなかったことも、同じく問題だ。
　指示したら、あとは部下に任せて、フォローもチェックもしない管理職は少なくない。管理職は、指示を受けた側が指示内容をしっかり遂行できたかどうか見届ける義務がある。指示した側にも責任があることを、管理職はもっと自覚すべきだ。

　仕事の進捗がわかる表を作り、仕事が終わったら消し込んでいく。それだけで、こういった失敗はなくせる。管理職と部下ともども、仕事の進捗の見える化が必要だ。
　次に、工事の現場でよくある話をしよう。

　作業者のやったところは、最後に管理者がしっかりチェックした。
　だが、管理者自身がやった範囲は、自分がやったので問題なしと勝手に判断してチェックしなかった。
　そのため、未実施の部分や誤ったやり方に誰も気づかず、そのまま放置されてしまった。

137

第 3 章 「なぜ?」を繰り返すときの新なぜなぜ分析 10 則

人手不足のため、作業者の代わりに管理者がやらざるを得ない事情はわかる
が、自分のやったところも含めて、最終チェックで抜けのないやり方に変えて
いきたい。

③ 気づく人が誰もいなかった

「気づきづらさ」の中には、そもそも気づく人が誰もいない、といったお粗
末な問題もある。これは、管理側の問題だ。

前述と関連するが、

- 計画自体が大雑把すぎて、作業一つひとつの進捗管理を管理側がやってい
ない
- 業務全体を統括管理すべき管理職が組織上には存在するが、その人が何も
やっていない
- 業務内容に変更があったにも関わらず、管理側が人を再配置せず、体制も
変更していない

などの問題から、気づく人が誰もいないといった結果になっている。

「気づきづらさ」については、管理職自身も関わっていることを大いに自覚
するとともに、現場や職場の原因追究の取組みに管理職も直接加わり、自らが
やるべき改善策を出さなければならない。

138

第8則 仮説を立てるときは、検証しながら進める

事実関係が不明な場合は、仮説と検証を繰り返しながら進める

　失敗の場合、資料などの現物とともに、当事者や関係者が事実を残さず話してくれれば、「なぜ」を繰り返して、的確な改善策を導くことができる。
　一方、設備や製品は人間と違い、当時の状況や事実を話してはくれない。同じように、当事者や関係者が亡くなってしまった場合や、人と設備が相互に関わる失敗の設備に関する部分については、事実をすぐにつかむことが難しいケースがある。
　事実がすぐにつかめない場合は、「たぶん、こうだったんじゃないか」と仮説を立てながら、「なぜ」を考えていく。ただ、仮説を立てるにしても、事実関係が不確かなものに対して、やたらに「なぜ」を繰り返すのも時間のムダというもの。
　そこで、仮説を立てながら「なぜ」を繰り返していく場合には、「なぜ」に書かれた問題が実際にあったのか検証しながら進めていく必要がある。特に設備的な問題や技術的な問題が関わってくる場合には、計測器などを用いた技術的な検証が求められる。

仮説を立てる場合は、検証できる表現にする

　技術的な検証をするためには、できるだけ数値的に、かつ的確に「なぜ」を表現しなければならない。
　例えば、
　「入力量が増加した」
ではなく、

第3章 「なぜ？」を繰り返すときの新なぜなぜ分析10則

「1時間で許容値を超えるほど、入力量が急激に増加した」
といった具合だ。

検証できる表現にしたうえで、立てた仮説を数値的に検証していく。

検証方法としては、

① 観察（観て、触って、動かして）
② 聞き取り調査
③ 分解点検
④ 計測
⑤ 再現実験

の5つがある。この5つの中から相応しい検証方法を選んで、「なぜ」の一つ
ひとつを検証していき、原因を特定していく。

立てた仮説が事実ではなかったとしても、どんな方法で検証したのか、どん
な結果だったのか記録に残しておく。あとで、検証方法に誤りがなかったか確
かめるためだ。

「そんなことは起きないはず。だから検証しなくてもよい」と考えるのは甘
い。ありえないことが起きるのが現場や職場だからだ。

第9則　改善につながる「なぜ」が出てくるまで繰り返す

第9則　改善につながる「なぜ」が出てくるまで繰り返す

どんなときでも誰がやっても確実にできるようにする

　企業で作成された失敗の報告書を見ると、再発防止策の欄に、「再教育」「チェックリスト」「ダブルチェック」といった確実性の低い対策だけでなく、「周知徹底」といった対策と呼べないものまで記載されている。

　そもそも、「再教育」「チェックリスト」「ダブルチェック」「周知徹底」は、暫定的な処置だ。暫定的な処置とは、とりあえずこれで様子を見よう、というものだ。改善策を見出すまでの間、あるいは改善策を実施するまでの間、とりあえず実施する内容であるならば、それでもかまわない。

　だが、報告書に記載されているのが、とりあえず様子を見るといった内容にも関わらず、それで改善は終わりとする、大変お粗末な報告書も少なくない。

　ところで、世間では、「なぜ」を繰り返す回数にこだわる人が少なくないが、繰り返す回数が多ければ多いほどよいというわけではない。

　失敗の中には、さまざまな問題が絡んでいて、それらの因果関係を整理しなければならないものがある。

　一方で、関わる問題の数が少ない、底の浅い失敗、例えば単純に「忘れてしまった」といった失敗もある。「忘れてしまった」といった単純な問題に対して、「なぜ、忘れたのか？」と、無理やり「なぜ」を繰り返そうとすると、意識などの精神的な話や、焦りといった心情的な話に入っていってしまいがち。

　オリンピックの選手であれば、メンタルな部分の問題を取り上げることもあり得るが、メンタルな部分に入りこむと、どうしても個人的な話に入ってしまう。私たちが日々関わっているほとんどの仕事は、オリンピック選手のような極限の世界でやるようなものではない。

141

第3章 「なぜ?」を繰り返すときの新なぜなぜ分析10則

　また、よく「この問題は、真の原因か?」と質問してくる人がいる。「真の原因」の「真」って、何だろうか。あるとき、会社の社長から、「真の原因は、失敗した人の生い立ちにある」と聞かされた。よもやそんな解釈があったのかと、逆に感心したのを覚えている。

　「真の原因」の「真」は、人によって解釈がバラバラだ。あえていうなら、「真の原因」とは、「改善すべきところ」と考えるのが妥当だ。同様に、「直接原因」の「「直接」や、「間接原因」の「間接」、そして「根本原因」の「根本」も解釈がばらついている。解釈のばらつきをなくすためには、これらの言葉を使用しないか、あえて使うのであれば、意味をはっきりさせたうえで使うべきだ。

　失敗の原因追究で求められていることは、どんなときでも、誰がやっても確実にできるようにする改善策を見出すことである。これを決して忘れてはならない。

　では、ここでいう改善策とは、どのような改善策を出せばよいのか。以下の2つの方向のどちらかで考える。

　① 問題をなくす
　② 問題が小さいうちに気づいて処置する

　言うのは簡単だが、どちらにしても当てはまる改善策を出せるかどうかは、知恵次第だ。日ごろから仕事でも趣味でもいろいろ工夫している人は、柔軟な考えのもと、アイデアが出せるようだ。

　一方、決められた作業手順をしっかり守って仕事をしている人たちは、アイデアを出しづらいようだ。そもそも、決められた作業手順に問題があるなんて考えたこともないから無理もない。まして、近年至る所でさまざまな監査が実施され、そのたびに監査員から作業手順書の有無や遵守状況をチェックされる

142

ので、つい「作業手順を守っていない」「作業手順書がない」ということを問題にしてしまいがち。

　果たして、作業手順さえ決めれば、それで問題を抑え込むことはできるのだろうか。

　これは報告用だから、といって、表面的に取り繕うのは、もうやめにしよう。安易な作業手順やルールの設定は、それを守らなければならない人たちに、それ相応の負担を強いることになる。その人たちが納得する手順やルールだったらよいが、そうでない場合は、3日も経たないうちに、それらを破る人が出てくる。問題を手順やルールで抑え込むのではなく、アイデアで抑え込むほうが賢明だ。

　いまや人手不足と高齢化、そして雇用の流動化は待ったなしの状況だ。改善の基本は標準化（作業手順を決める、ルールを決める）だが、今は標準化している余裕などなく、どんなときでも誰がやっても確実にできるよう工夫することが先決だ。標準化するにしても、失敗したらすぐに標準化するではなく、まずは工夫してから標準化すべきだ。

　では、具体的にどのような改善を考えればよいのか。担当者と管理職、それぞれの観点から改善のヒントについて述べていく。

改善には、担当者と管理職の観点がある

　改善策には、担当者と管理職それぞれの観点がある。まずは、担当者の観点から改善を考えるときのヒントから説明しよう。

第3章 「なぜ？」を繰り返すときの新なぜなぜ分析10則

（1） 改善のヒント：担当者の観点

① 手順を変える

決められた手順どおりやっていなかったから失敗した、という話をよく聞く。それに対して、「それで、どうしようと考えているのですか？」と質問すると、ほとんどの人から「手順を守るよう指導します」という答えが返ってくる。

そんな人に問いたい。「手順どおりやっていなかったから指導する、そんなことをいつまで続けるつもりですか」と。

こんなときは、考え方を180度方向転換して、決められた手順やルールに問題があるからこそ、守らない人が出てくるのでは、と考える。守りにくい、守れない手順やルールになっているのであれば、守れるように、あるいは守らなければ次に進めないように変えてしまえばよいのだ。

私たちの手の届かないところで決められた法律や、技術的に変えられない手順やルールを変えるのは難しい。一方で、作業手順や社内ルールは、過去に社内の誰かが決めたこと。完璧な法律がないように、完璧な手順やルールもない。だったら、必要な手続きをとってでも、守りやすいように作業手順や社内ルールを変えてしまえばよいのではないか。

決められていた手順をひっくり返して（1→2→3を、3→2→1の順番にひっくり返す）うまくいった例は後を絶たない。

② 書式（フォーマット）を変える

手順ややり方が決まっている業務の失敗で、書式（フォーマット）に絡む問題が少なくない。記入する内容に誤りがあったり、記載内容を見逃してしまったり、記載された内容を勘違いしたり、など数多くある。

これらの失敗は書式を工夫すれば、かなりのミスは抑え込むことができる。

第 9 則　改善につながる「なぜ」が出てくるまで繰り返す

　書式変更するには手続きが必要な場合もあるが、関係部署の納得さえ得られれば、書式は変えることができる。たとえ、その書式が顧客企業から提示された書式だったとしても、だ。顧客企業だって、相手の間違いによって損害を被るのはまっぴらごめんだ。顧客企業を納得させるのは容易ではないが、お互いが生き残るために必要なことなのだと、自社の管理職や役員と一緒に粘り強く説得に当たるしかない。

③　表示を変える

　表示の有無や表示方法、表示の表現の仕方など、表示にまつわる失敗は数多くある。表示についても、正解はない。公共のエリアやイベントなどで見かける表示をもとに、工夫していく。

　表示を工夫するときに注意することは、勝手な解釈が生まれないような表示にすること。よく見かけるのは、「キケン」としか書かれていない表示だ。何が危険なのか、さっぱりわからない。表示するのであれば、伝えたいことが相手にしっかり伝わる表現で表示しなければならない。

　目立つように表示することも大事だ。表示が背景に埋もれないよう、表示の大きさや色、形を試行錯誤しながら工夫を重ねていく。表示内容や表示場所によっては、動く表示や光る表示も有効だ。

④　IT ツールを使う

　人手不足の克服が喫緊の課題になっている業界ほど、IT の活用、さらには AI の活用に積極的だ。同じ業界を参考にするのではなく、先進する業界の事例を参考に、近い将来を見据えて積極的に IT 活用に取り組んでいかなければならない。

　ただ、どこの企業でも保守的な人(かたくなに IT 化を拒む人)は山ほどいる。保守的な人たちに付き合っていたら、どんどん時代から取り残されていく。保守的な人がいるから諦めるのではなく、仕事に有効であれば、セキュリ

第3章 「なぜ？」を繰り返すときの新なぜなぜ分析10則

ティ上の問題もクリアしたうえで、まずは限定した範囲で試して、保守的な人たちに効果を実感させることが先決だ。

(2) 改善のヒント：管理職の観点

次は、管理職の観点から改善を考えるときのヒントだ。

① 役割分担を見直す

複数人で作業するときに、問題になるのが役割分担の問題。いつものメンバーで、いつものように作業を進める場合には失敗は起きづらいが、メンバーが変わったときやメンバーの人数が減ったときに失敗するケースが多い。特に、やむを得ない事情で責任者が作業に立ち会えなかったときに、進捗管理と最終チェックがろくに行われず、失敗したといったケースも後を絶たない。

メンバーの人数や顔ぶれに変化があったときに失敗したということは、リーダーや管理職の変化に対応する能力が乏しかったといわざるを得ない。

責任者が立ち会えないのであれば、残された人たちに対して「任せた」の一言で終わるのではなく、誰が何をやるのか、実施内容とともに役割を指示してから、その場を去ればよいのだ。

一言でいうと、仕切り直しだ。当初の役割分担を一旦白紙に戻して、枠に捕らわれずに役割分担を改めて設定する。変化に対応できるよう整えることは、リーダーや管理職にとって重要な役割の一つである。

他にも、日ごろやっていない業務に複数の人たちで取り組む場合や、比較的大きなプロジェクトを多くの人たちで実施する場合において、役割分担が不明確なまま進めてしまい、失敗するといったケースも後を絶たない。これも、リーダーや管理職の役割がしっかり果たされていない証だ。

今一度、失敗したときのいきさつフロー図を俯瞰して、以下のような役割分

146

第9則　改善につながる「なぜ」が出てくるまで繰り返す

担に問題がなかったか確認し、問題があれば見直していく。

　役割の見直しには、

- 担当者間の役割分担
- 上司と部下との役割分担
- 部署間の役割分担
- 協力企業との役割分担
- 顧客企業との役割分担

などが挙げられる。

　私たちの目の前には、さまざまな変化が訪れる。業務内容の変化や人数の増減、それに伴うグループ全体のスキルレベルの変化など。そんな変化に対応するために、常に管理職はチームスポーツの監督のごとく、先を見越して役割分担をどんどん変えていかなければならない。もちろん、その前に管理職が自らの役割を再認識することが大事だが。

②　責任範囲を見直す
　失敗事例で、役割分担の不備とともによく見かける問題は、責任の所在が不明確という問題。この問題は、製造業に代表されるような歴史的に古い会社ほど目立つ。

　1つの報告書に複数の人の印鑑を押すのは日本だけだ。1つの報告書に数多くの人の印鑑が押されているが、担当者が作成した報告書の責任は、一体誰が取るのだろうか。海外の企業では、作成者と責任をもつ人のサインだけだ。ろくに中身を見ていないのに、印鑑をポンポン押す習慣が責任の所在を不明確にしている元凶であると、筆者は考える。

147

第3章 「なぜ?」を繰り返すときの新なぜなぜ分析10則

　他にも、責任を負うのは指示を受けた側(部下)だといわんばかりに、テレビ
ドラマのように責任を部下に押し付けて、最終的にはトカゲのしっぽ切りで幕
引きされるといったことが、未だに行われている。少なくともスポーツの世界
ではありえない。スポーツに置き換えると、指示を出した監督側にも責任があ
るように、指示を出した管理職側にも責任があるのだ。むしろ、指示を出した
管理職のほうが責任が重い。

　だからこそ、管理職は指示を出す際に、もっと慎重にならなければならな
い。ろくに見ていないのに、1つの報告書に複数の人が印鑑をポンポン押すの
はもう止めにして、責任を負う人だけが印鑑を押すようにすれば、業務の効率
は上がる。役割分担とともに、管理職は自らの責任を明確にして、誰が何にど
こまで責任を負うべきなのか、今一度はっきりさせる必要がある。

③　業務フローを見直す

　役割や責任範囲があいまいだと、業務フローもいい加減なフローになる。以
下のようなケースがないか、今一度確認していただきたい、

(i)　業務の中のチェックポイント(関所)がない

　すぐ終わる業務は別として、長時間あるいは長期間かかる業務の場合は、と
ころどころにチェックポイントを設定しないと、仕事の品質や納期管理に支障
が出かねない。失敗した業務を、いきさつフロー図を使って俯瞰してみると、
チェックポイントがないまま、業務が進められていることが浮き彫りになる。
いわゆる、管理職から部下への仕事の丸投げだ。部下への目配り、気配り、心
配り(面倒見)が行き届いていない管理職によく見られる。

(ii)　全体の責任を取るべき人が責任を取るような業務フローになっていない

　指示や伝達の流れはあり、要所で複数の管理職がチェックしてはいるが、プ
ロジェクトや案件の統括責任者がほとんど関わらない業務フローになっている
ケースも目立つ。つまり、統括責任者が責任を取るような流れではなく、悪く

148

いうと、誰も責任を取らないような業務フローになっているということだ。

　本来は統括責任者が、要所で進捗状況や出来栄えについてチェック＆フォローすべきなのに、全体の進捗管理すらもやっていない。こんな状況だから、統括責任者は当然責任も取らない。まさに、統括責任者から各管理職への仕事の丸投げだ。役員や管理職には、失敗をきっかけにして自分の仕事の進め方の問題を自覚するとともに、業務の関所をはっきりさせ、責任の所在がはっきりするような業務フローに切り替えることに取り組んでいただきたい。

④　体制を見直す

　1人の管理職が直接管理できる直属の部下の人数は、おおよそ5～8人くらいまでといわれている。それ以上の人数を1人で見ようとすると、どうしても管理が疎かになりやすい。業務の管理や部下の指導・支援を充実させるためには、部下の人数が多すぎないことが肝心だ。

　毎日異なる業務に取り組んでいたり、まれに日ごろと異なる業務を実施する場合には、その業務に合った人員配置や役割分担、指示命令系統といった体制を、業務に合わせて見直すことが求められる。体制を見直すのは、もちろん管理職の役目だ。

- チームを分ける
- チームごとの役割を変える
- サポート役をつける
- チームを合体する
- 他部署からの支援体制を得る　など

　失敗したら現場の人たちだけが改善するのではない。部下の失敗を踏まえて、その上司である管理職や役員も自らできる、あるいはやらなければならないことをやる。そうでないと、職場全体、企業全体がよくならない。

第10則　主観が入る手前で「なぜ」を止める

「なぜ」をどこで止めたらよいか

　筆者のなぜなぜ分析セミナーで、一番多い質問がこれだ。もちろん、繰り返す回数にこだわるのは絶対にダメ。では、一体どこまで「なぜ」を繰り返したらよいのか。

　私たちが、失敗の原因追究でこだわらなければならないのは、どんなときでも、誰がやっても、確実にできるような改善策を出すこと。「なぜ」の繰り返しをどこで止めるか判断するに当たり、注意すべき点を述べる。

(1)　「なぜ」の繰り返しの強要は止めよう

　「なぜ」を5回繰り返さなければならない、あるいは「なぜ」をもっと繰り返せと強要されるといった声をよく聞く。無理に「なぜ」を繰り返そうとすると、「焦りがあった」とか「信頼していた」といった心情的な話や、スキルが低かったといったことが出てくる。

　これくらいならまだマシなほうで、しまいには週刊誌でときどき見かける「〇〇意識の欠如」といった精神的なものまで出す人も。本人に向かって口頭で言うのであれば、言った後に「ちょっと言い過ぎたかな」といった一言を補うことで、嫌な雰囲気を解消できるかもしれないが、明文化してしまうと相手を追い詰めることになりかねない。

　昔だったら、リストラしても企業が存続できるほど人は余っていたから、人の配置を替えたり、教育に多くの時間をかけたりすることもできた。だが、今はほとんどの企業で、ギリギリの人数で仕事をしている。

　そもそも、失敗の最終責任は、管理職であり、経営層にある。昔の方法論が

第 10 則　主観が入る手前で「なぜ」を止める

通用しない時代になっているにも関わらず、昔のやり方を強要しようとする管理職や経営層、取引先が後を絶たない。技術の進化や世の中の変化が著しい中で、昔ながらのやり方を強要するのは時代遅れだ。

「なぜ」を繰り返す回数にこだわるよりも、実際に仕事に関わる人たちに知恵を絞って改善策を出してもらうほうが、失敗に前向きでよい。

人は、自分たちで決めたことほど、それを自分たちで何とかして維持しようとする。改善に関わらない人はなおさら、「なぜ」の繰り返しを強要するのは慎むべきだ。

(2)　ルールで決まっていないことまで持ち出すな

よくあるのが、当事者でも関係者でもない人たちが、ルールとして決まっていないことなのに「〜をよく確認しなかっただろっ！」と、当事者に詰め寄ったりする。ルールで決まっていないことを、あたかもルールがあるかのごとく言うのは止めよう。そうでないと、「確認しなかった」ことが問題になり、改善策は「次から確認する」といった、改善とは程遠いものが出てきてしまう。

ルールで決まっていないのであれば、その手前の「なぜ」で打ち止めにする。「〜を確認しなかった」の前に来る「〜に気づかなかった」で、「なぜ」の繰り返しを止めるのだ。

「〜に気づかなかった」について原因を追究しようとしても、

- 責任者や当事者が、部下や協力企業に仕事を丸投げしていた
- 責任者や当事者が、自分でやったことは間違いないと勝手に思っていた
- 管理職を含めて全員の責任感が欠如していた

といったものしか出てこない。それを出したところで、相手を非難するだけであり、優れた改善からますます遠ざかっていく。

無理やり出そうとすると、前回まで同じメンバーでできていたにも関わら

第3章 「なぜ?」を繰り返すときの新なぜなぜ分析10則

ず、「人が足りなかった」といった、誰も責任を取らなくてもよい話へのすり替えが始まる。無理に深追いせず、「気づかなかった」で止めて、気づくための改善策を考えたほうがどれだけ皆のためになることか。

では、次からはどうすれば気づけるのか。知恵の勝負にはなるが、気づく作戦を皆で考えることで、今までにない以下のような気づきの改善策が出てくる。

- 音・光・動き・振動で気づく
- 色の違いで気づく
- 表示・表現で気づく
- 姿・形・位置を変えることで気づく
- やらないと次に進めないことで気づく

ルールというのは義務であり、義務は何があっても守らなければならない。本来、義務を守らなかった場合には、罰則が伴わなければならない。日本の場合、ルール(義務)の中に、ガイドライン(推奨、あるいは基本形)が入り混じっていて、ルールとガイドラインの区別がはっきりしない。そのこともあり、ルールの運用を厳密にやっていないし、そもそもできない。

ルールの運用自体が厳密にされていない状況の中で、安易にルール化(義務化)を叫ぶ人がいる。ルールの運用がはっきりしない中で、ルールばかりが増えていく。やがて、ルールがありすぎて、管理の目が行き届かなくなる。結果、ルールどおりやらなくてもよいと判断する人が出てくる。

失敗をルールで抑え込もうと安易に考えるのではなく、知恵を絞って改善で抑え込むほうが、仕事を実行する側と管理する側、ともに仕事に余裕が出てくるというものだ。

第10則　主観が入る手前で「なぜ」を止める

(3)　「べき論」を持ち出すな

　報告・連絡・相談(いわゆるホウレンソウ)が仕事の基本だからと、「部下が上司に～を報告しなかった」を問題として挙げる人が少なくない。しかし、見方を変えれば、「上司が部下に結果報告を求めなかった」ことが問題ではないのか。

　同様に、手順で決まっているわけではないのに、「～しなかった」を持ち出す人がいる。勤務年数が長い人ほど、自分は昔からそう教え込まれてきた、と言わんばかりに、自分の「べき論」を持ち出して、失敗した当事者や関係者に「～をしていない」と指摘する。まさに、昔のやり方の押しつけであり、主観が入っている。主観が入ると、改善策の強要になりかねない。

　ルールで決まっていないのに、「上司に～を報告しなかった」あるいは「～しなかった」は出さない。手前の「なぜ」で繰り返しを止めて、改善策を考えたほうがよっぽど企業のためになる。

　時代はどんどん変化していく。オリンピックの選手の技もどんどん進化していく。昔のやり方を押しつけるような指摘、すなわち「べき論」は企業の進化の妨げになる。管理職や役員、年配者は、「べき論」には特に注意したい。オリンピックの選手同様、企業も進化していかなければならないのだから。

(4)　決めごとがある場合は、「(いつも、たまたま、全部、一部)確認しなかった」で止める

　第6則で、「～を確認すること」が手順書などで決められていない場合は、その手前で「なぜ」の繰り返しを止める、と説明した(120ページ)。

　では、「～を確認すること」と手順書などで決められているのに、確認しなかった場合は、どのように考えたらよいのか。

　この場合、まずは「～を確認しなかった」に副詞を追加する。

153

第 3 章 「なぜ？」を繰り返すときの新なぜなぜ分析 10 則

- いつも　確認しなかった
- たまたま　確認しなかった
- 全部　確認しなかった
- 一部しか　確認しなかった

　そのうえで、ここで「なぜ」の繰り返しを止める。「（いつも、たまたま）確認しなかったのは、なぜ？」と質問したところで、言い訳しか出てこないからだ。くれぐれも、原因追究の目的を忘れてはならない。筆者の場合は、「（いつも、たまたま）確認しなかった」で止めて、以下の 3 つの観点から改善策を考える。

①　次回からは人が確認しなくてもよいやり方に変える
②　担当者あるいはリーダーが確認しないと、次に進めないようにする
③　担当者が確認しないと、ほかの人が気づけるようにする

　最も望ましいのは①であることはいうまでもない。

154

第4章

失敗の原因追究で
忘れがちな大事なこと

第 4 章　失敗の原因追究で忘れがちな大事なこと

1人で原因追究しても、よいアイデアは出ない

　分析に取り組む人数についてよく聞かれる。1人だと知識や経験に限りがあるし、人数があまりに多すぎると意見をまとめるのに時間がかかる。グループ活動のしやすい、5〜6名が適切といえよう。

　決してやってはいけないのは、失敗した当事者1人で原因追究させること。失敗した当事者1人だけで原因追究させるというのは、失敗の始末書を書かせるようなもので、言い方を変えれば一種の罰ゲームだ。

　失敗した当事者は、今のやり方が正しいと思って、いつも仕事に臨んでいる。当事者本人だけで失敗した仕事の問題を見つけ出させるのは残酷だ。当事者が気づいていない問題を見つけるため、あるいは当事者の偏った見方・考えを変えるために、さまざまな視点から失敗した仕事について考えていく。そのためには、できる限り、上司や同僚、スタッフを加えた複数人で原因追究を進めていく。

原因追究時のメンバー編成で大事なこと

　では、どんなメンバーで原因追究に取り組んだらよいのか。原因追究で大事なことは、

- 情報収集で、事実をしっかりつかむこと
- 因果関係（「なぜ」と「なぜ」のつながり）が、誰もが納得できるものになっていること
- 事実に基づき、問題（「なぜ」）がしっかり洗い出されていること
- 目的を踏まえた原因追究になっていること

原因追究時のメンバー編成で大事なこと

　これらを満たすように原因追究やなぜなぜ分析に取り組む場合、望ましいメンバー構成は、以下のとおりだ。

- 失敗の当事者・関係者
- 運営責任者・管理者
- 第三者的な立場の社内スタッフ（品質、安全、環境など）

　上記の中で特に重要なのは、業務を運営・管理する責任者や管理職だ。原因追究を通して管理職は、部下の考え方の誤りや偏りに気づいて指導するだけでなく、運営面や管理面の改善点を自ら考えることが大事だからだ。
　現場側だけでなく運営の責任者や管理職も、自らが取り組むべき改善点を出すことは、業務の効率化や職場の活性化に大いにプラスになる。

　次に重要なメンバーは、第三者的な立場で原因追究をアドバイスできる社内スタッフだ。どの会社も失敗の報告書は、社内スタッフがチェックしている。やっと出来上がった報告書をスタッフに提出しても、即刻ダメ出しされたのでは、現場側のやる気も失せるというもの。
　原因追究で最も望ましいのは、出来上がった報告書をチェックするのではなく、原因追究の場でスタッフが適切なアドバイスをすることだ。失敗の当事者や関係者は、どうしても偏った見方・考え方で問題を捉えてしまう。当事者・関係者でない人も入って、客観的に原因追究を進められるようにすることが大事だ。
　社内スタッフには、原因追究の場に直接割り込んでいき、抜けている情報や筋違いの問題、当事者や関係者が気づいていない問題を見つけて、どんどんアドバイスしていただきたい。ただし、社内スタッフが原因追究の進め方やなぜなぜ分析について、しっかり理解していることが前提だ。

157

第 4 章　失敗の原因追究で忘れがちな大事なこと

読み上げチェックで総仕上げ

　「なぜ」を繰り返しているときは、「なぜ」と「なぜ」がつながっているように見えても、実はつながっていなかった、といったことは、決して少なくない。後で恥をかかないようにするために、総仕上げとして読み上げチェックを行う。

　原因追究を一緒に実施した人たちを目の前にして、まるで作文を最初から通しで読むように、「なぜ」の繰り返しを通しで読み上げていく。読み上げる人と聞く側それぞれが、「なぜ」と「なぜ」のつながりの怪しいところがないかチェックする。

　読み上げるときは、一番左に掲げた「事象」から始める。

　「～ということが起きました」
　「それは、なぜかというと、～でした」
　「では、なぜ～はそうなったかというと、～でした」
　「よって、改善策は～です」

　「なぜ」の繰り返しをたどりながら、改善案まで一気に読み上げていく。読み上げていきながら、言葉に詰まったり、「なぜ」に記載された内容を補足しなければならなかったりしたら、それは修正個所だと思って間違いない。「なぜ」と「なぜ」の位置関係や文そのものの不整合なところをあぶり出していき、筋（理屈）が通るように整えていくことが大事だ。

改善案を評価して、実施の可否を決める

　「なぜ」を繰り返した末端の 1 つの「なぜ」に対して、改善案はいくつでも出してかまわない。コストがかかろうが、技術的に難しかろうが、導き出した

158

改善案を評価して、実施の可否を決める

　改善案を実施するかどうかは、最終的にはマネジメント側が判断する。管理職も入って改善策を評価し、評価の低い改善案は実施しない、という判断だってかまわない。

　ただ、評価するに当たり、管理職には現場的な判断ではなく、経営的な判断が求められる。評価する目線が現場と管理職では異なること、そして改善の最終的な責任は管理職、内容によっては経営層が責任を取ることが求められる。

　失敗の報告書の中に記載された管理職の記述を見ると、「導き出した改善はしっかり実施して、維持・継続していくこと」など、他人事のような記述をよく見かける。現場の失敗としっかり向き合い、自分が見直すべき点や、できることをどんどん仕掛けてくのが管理職だ。管理職も失敗の関係者の一人であることを、決して忘れてはならない。

　改善案を評価するやり方の一般例を以下に述べる。

　評価項目には、

- 必要性（または重要性）
- 効果
- コスト
- 実行難易度（すぐできるか、できないか）
  　注：「実行難易度」とは、技術的な難易度や調達、実施の難易度などを指す

などを設定し、評価項目ごとに、導き出した改善案に点数をつけていく。

第4章　失敗の原因追究で忘れがちな大事なこと

	必要性	効果	コスト	実行難易度	総計	優先順位
改善案A	3	3	1	1	9	3
改善案B	2	1	3	3	18	1
改善案C	2	3	1	2	12	2

※総計は、各評価の点数を掛け算して算出したもの
　必要性が高いと思われる場合は3点、低い場合は1点
　効果が高いと思われる場合は3点、低い場合は1点
　コストが安いと思われる場合は3点、高い場合は1点
　すぐできる場合は3点、すぐできない場合は1点

　優先順位を決めるだけなので、「コストにおいて、○○万円までは3点」といった点数の定義まで厳密に決める必要はない。
　評価項目として、

- 重要度
- 緊急度

といった評価を追加することもある。

　「効果」「コスト」「実行難易度」は、現時点の状況を踏まえて、当事者や現場のリーダークラス以下の人たちで評価する。
　一方、「必要性」というのは、将来に向けて必要かどうか、ということ。

- 法律の改定
- 業務内容や体制の変更
- 事業そのものの変更
- 人手不足、高齢化

160

上記のような変化に備えて対策を打っていくのは、管理職であり、経営層の仕事だ。ということで、「必要性」は管理職や経営層が評価する。

「必要性」「重要性」「緊急性」など、管理職や経営層が評価する項目については、現場のリーダー以下の人たちと同じく３点満点とせず、場合によっては５点満点などとして差をつけてもかまわない。現場の評価をそのまま鵜呑みにできない場合もあり、管理職や経営層の考えで評価をひっくり返さなければならない場合もあるからだ。

ただし、管理職や経営層が、改善の全責任は自分が負うという自覚があってこそ、の話だ。

また、改善案の評価において、現場と管理職や経営層との考え方の違いをはっきりさせることも大事である。考え方の違いをはっきりさせることは、それを埋めるための努力がお互いに求められ、そのことがお互いの理解につながっていく。

今まで以上に、将来に向けて管理職や経営層がどう動くのかが問われている。

人と機械の原因追究の違い

人と機械では原因追究の基本的な定石は同じなのだが、以下の違いがある。なお、説明にある「機械」を「システム」に置き換えることも可能だ。

- 機械の構造であれば、図面や実物を観察することで把握できるが、いきさつについては聞き取り調査をしない限り把握することができない。

  いきさつを把握するにしても、失敗に至るまでの映像が頭の中で途切れないよう、機械の図面に匹敵するくらい詳細に把握しなければならない。人の原因追究の場合は、これが一番のポイントだ。

- 人は話してくれるので、話しやすい状況を作れば、失敗にいたったいきさ

第4章　失敗の原因追究で忘れがちな大事なこと

つや状況に関わる事実をつかみやすい。

一方、機械は話してくれないため情報を取りづらい。

このことから、人の場合は事実のみで原因追究しやすいが、機械の場合は事実がつかみづらいことから仮説と検証の繰り返しになる。

• 機械の場合は、表現が多少いい加減でも、技術用語が表現のいい加減さを補ってくれるが、人の場合は、日常用語を使って「なぜ」を考えなければならない。

そのため、人の失敗を考える際には、表現のよし悪しが直に影響する。

つまり、失敗の「なぜなぜ分析」には表現力が求められる。

• 機械の場合は、原則（必要十分条件）から外れたところを探すことから、機械の構造や動きについての原則がわかっていないと、しっかり「なぜ」を考えることができない。

機械について「なぜ」を考える場合には、構造や動きを把握するだけでなく、各ユニット、各動きの原則を整理したうえで、原則から外れている事象を探し出す。

• 機械に関わる改善には限界があるが、人に関わる改善には限界はない。

つまり、人の場合は、どんなやり方を使っても、確実にできるようにすればよいということだ。

162

第5章

事例で再確認！　原因追究の
進め方と「なぜなぜ分析」の
ポイント

第5章 事例で再確認！ 原因追究の進め方と「なぜなぜ分析」のポイント

本章は、事例をもとに、原因追究の進め方となぜなぜ分析のポイントをまとめたものである。

［原因追究の進め方］

(1) 原因追究する事象の決定

(2) 原因追究する目的の明示

(3) 改善範囲（調査範囲）の設定

(4) 体制図、いきさつフロー図などの作成

(5) 前提条件の整理

(6) なぜなぜ分析

(7) 改善案の評価

(8) 改善の実施計画の策定＆改善実施

(9) 効果の確認

(10) 総点検と横展開

［いきさつ］

10月1日11時、リーダーの一郎さんは、得意先の担当者から電話で、「10月25日の午前中に、白ワインを100本届けてほしい」との連絡を受けた。一郎さんは電話口で注文を復唱したうえで、正式に同じ内容の注文をメールにて自分宛に送ってもらうよう得意先に依頼した。

同日14時に、一郎さんは得意先の担当者からメールを受け取り、すぐさま、部下の太郎さんに、白ワイン100本の注文を出荷計画に入れるよう口頭にて指示した。

指示を受けた太郎さんは、同日の14時30分に得意先向け白ワイン100本を10月24日に出荷する予定で出荷計画に入れた。

その後、10月15日の午前10時に、得意先の担当者から注文の変更依頼が、電話を通じて一郎さんに入った。白ワイン100本を、白ワイン80本に変えてほしいというものだった。

(2) 原因追究する目的の明示

　一郎さんは、改めて正式な注文を担当者からメールで送ってもらい、その変更内容を太郎さんに口頭で伝えた。

　いつもだったら太郎さんはすぐに出荷計画を変更するのだが、指示を受けたときはちょうど仕事が立て込んでいたため、すぐに出荷計画を変更することができなかった。立て込んでいた仕事が終わってから、同日の16時30分に出荷計画を変更した。

　このとき、パソコンの数字キーを使って、白ワインの数量を変更するのだが、「100」から「80」にするところを、「50」と入力してしまった。太郎さんは、入力の誤りに気づかず、仕事を終えた。

　納品は出荷計画に基づき、物流会社が配送する。物流会社は、出荷計画に記載された白ワイン50本を、10月25日9時に納品した。

　10月25日10時、得意先の担当者から、納入された白ワインは80本ではなく50本で、30本足りないとの連絡が、一郎さんに電話で入った。

　一郎さんが出荷計画を確認したところ、注文が白ワイン80本ではなく、50本になっていたことが判明した。

(1)　原因追究する事象の決定

原因追究する事象：「白ワイン80本ではなく、白ワイン50本が得意先へ納
　　　　　　　　　　入された」

> ポイント：① 最後の結果（状態）から始める
> 　　　　　　② 単語ではなく、文で表現する

(2)　原因追究する目的の明示

原因追究する目的：「注文の変更に的確に対応できるようにする」

> ポイント：目的は文で表現する

165

第5章　事例で再確認！　原因追究の進め方と「なぜなぜ分析」のポイント

(3)　改善範囲(調査範囲)の設定

改善範囲：「最初の注文から誤ったワインが納品されるまで」

> ポイント：「改善範囲」＝「調査範囲」となる。どこまで過去にさかのぼるか注意が必要

(4)-1　体制図の作成

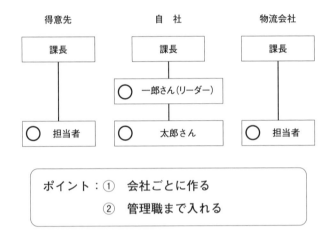

> ポイント：① 会社ごとに作る
> 　　　　　② 管理職まで入れる

(4)-2　いきさつフロー図の作成・(5)　前提条件の整理

> ポイント：① 会社単位ではなく、1人ずつ横に並べる
> 　　　　　② 時間軸に沿うように作成する
> 　　　　　③ 伝達手段を入れる
> 　　　　　④ 作った情報や使った情報を加える
> 　　　　　⑤ 失敗した作業は、細かく書き出す
> 　　　　　⑥ 責任の所在が明確になるよう作成する

(4)-2 いきさつフロー図の作成・(5) 前提条件の整理

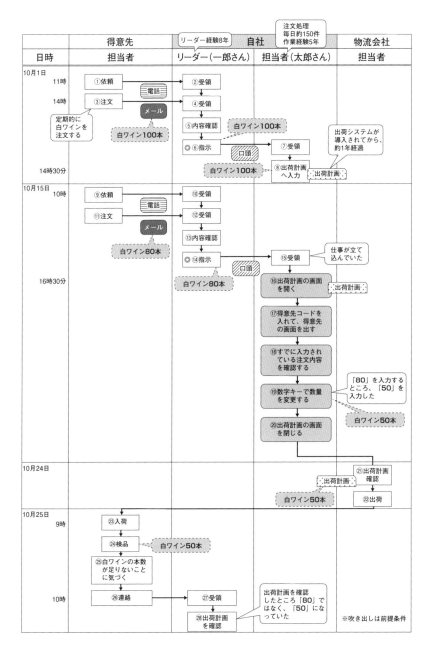

第5章 事例で再確認！ 原因追究の進め方と「なぜなぜ分析」のポイント

（6）なぜなぜ分析

ポイント：「なぜ」の一つひとつに、いきさつフロー図の該当する時点の番号を入れて、時点をはっきりさせながら、「新なぜなぜ分析10則」を踏まえて繰り返していく

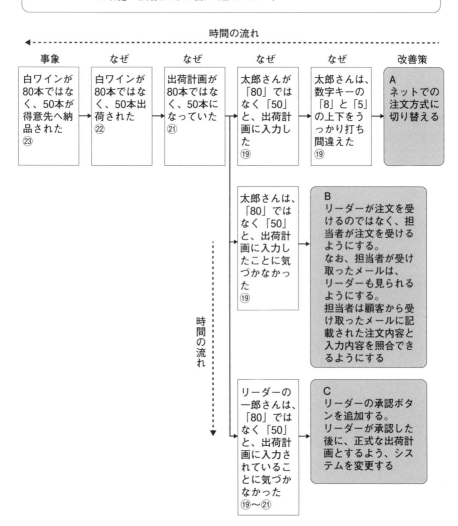

(9) 効果の確認

┌─ **新なぜなぜ分析 10 則** ─┐

第1則　「事象」や「なぜ」は、1コマ表現にする

第2則　初めの「なぜ」は、「そもそも」で考える

第3則　逆読みしても、筋が通るようにする

第4則　並列の問題を見逃さない

第5則　「なぜ」には問題を書く

第6則　「なぜ」には絵が浮かぶ文を書く

第7則　やらなかったミスなのか、間違えたミスなのか

第8則　仮説を立てるときは、検証しながら進める

第9則　改善につながる「なぜ」が出てくるまで繰り返す

第10則　主観が入る手前で「なぜ」を止める

(7) 改善案の評価

	必要性	効果	コスト	実行難易度	総計	優先順位
改善案 A	3	3	1	1	9	3
改善案 B	2	1	3	3	18	1
改善案 C	2	3	1	2	12	2

※総計は、各評価の点数を掛け算して算出したもの

┌─────────────────────────────┐
　ポイント：改善策を実施するかどうか最終判断は管理職が行う
└─────────────────────────────┘

以降、以下を進めていく。

(8) 改善案の実施計画の策定＆改善実施

(9) 効果の確認

第5章　事例で再確認！　原因追究の進め方と「なぜなぜ分析」のポイント

（10）　総点検と横展開

　特に強調したいのは、改善策の横展開に入る前に、類似の問題が他の職場にも潜在していないかどうか、総点検でしっかり洗い出すことだ。失敗を未然に防ぐために、失敗した職場同様、他の職場でも類似の問題を見つけたら改善していく。失敗した職場と同じ改善策でなくてもよい。

　1つの事例、1つの職場だけで終わらせることなく、業務全体に潜んでいる問題を潰し、さらには会社全体をよい方向に変えていく。これは主に、管理・監督職やスタッフが中心になって行う仕事だ。

170

おわりに

将来は過去の延長線上にある。

過去に起きたことをしっかり解明しておくことが、将来への飛躍につながる。

　失敗につながった問題（弱点）を解明し、そこに改善のメスを入れる。スポーツの世界では、当たり前のこと。

　でも、多くの人たちは、それをしない。次はしっかりやれば大丈夫だからと、軽く考える。だから、また同じような失敗が起きる。

　この繰り返しでは、まったく進化しない。進化しないと、時代から見放されていく。

　そうならないように、失敗にしっかり向き合い、少しずつでも改善を積み重ねていく努力を惜しまないことだ。

主な関連文献

1) 『「秒」で伝える　「観察力」×「表現力」を鍛える 100 のレッスン』
　 日経 BP、日本経済新聞出版、2023 年
2) 『現場で使える問題解決・業務改善の基本』日本実業出版社、2016 年
3) 『現場力がみるみる上がる　実践なぜなぜ分析』日本経済新聞出版社、
　 2015 年
4) 『クイズで学ぶ　なぜなぜ分析超入門』日経 BP 社、2014 年
5) 『問題解決力がみるみる身につく　実践なぜなぜ分析』日本経済新聞出版
　 社、2013 年
6) 『なぜなぜ分析　管理編』日経 BP 社、2012 年
7) 『なぜなぜ分析　実践編』日経 BP 社、2010 年
8) 『なぜなぜ分析 10 則』日科技連出版社、2009 年
9) 『なぜなぜ分析徹底攻略ドリル』日本能率協会コンサルティング、2002 年
10) 『なぜなぜ分析実践指南』JIPM ソリューション、2000 年
11) 『なぜなぜ分析徹底活用術』JIPM ソリューション、1997 年

　上記はすべて小倉仁志の著作。刊行年順に記載。

著者紹介

小倉　仁志（おぐら　ひとし）
有限会社マネジメント・ダイナミクス　社長

　1985年東京工業大学(現　東京科学大学)工学部化学工学科卒。同年デュポン・ジャパン(現(株)デュポン)入社。その後、1992年より(社)日本プラントメンテナンス協会にて、TPM(トータル・プロダクティブ・メンテナンスまたはマネジメント、製造業向け体質改善プログラム)指導に従事し、国内外の多くの製造業において、開発から営業に至るまでの仕組みや体質の改善を手掛ける。

　同時期に「なぜなぜ分析」のルール化、体系化に取り組み、国内外初の「なぜなぜ分析」に関する書籍を1997年に発刊。
　その後、2002年に確立した「なぜなぜ分析10則」をさらに改訂し、2009年に『なぜなぜ分析10則』(日科技連出版社)を執筆。
　本書は、その後継本に当たる。

　2005年には、有限会社マネジメント・ダイナミクスを設立し、「なぜなぜ分析」に関するセミナー・社内研修(年当たり百数十件)を実施。
　著者の社内研修は、研修終了後すぐに「なぜなぜ分析」を実践できるようにしたい、という思いから、開催企業にて実際に発生した失敗事例を使って進めていくのが特徴である。
　「なぜなぜ分析」の研修においては、製造業全般(自動車、自動車部品、電気製品、電子部品、石油化学、セメント、医薬品、医療機具、食品、家庭用品、印刷など)、IT、通信、物流、ガス、電力、道路・土木・電気工事、船舶修理、銀行、保険、観光関連など、多くの業種にて実績がある。
　2012年～2016年に、(一社)神奈川県中小企業診断協会　代表理事を務める。

　著書には、前述の「主な関連文献」に記載したものがある。その他、記事を多数執筆。
　詳しくは、以下のマネジメント・ダイナミクス　ホームページに記載。

(有)マネジメント・ダイナミクス　ホームページ
https://www.management-dynamics.co.jp/

現場・職場・組織を変える　なぜなぜ分析活用術
全員で取り組む原因追究の強化書

2025 年 4 月 29 日　第 1 刷発行

著　者　小　倉　仁　志
発行人　戸　羽　節　文

| 検　印 |
| 省　略 |

発行所　株式会社 **日科技連出版社**
〒151-0051　東京都渋谷区千駄ヶ谷1-7-4
渡貫ビル
電話　03-6457-7875

Printed in Japan

印刷・製本　港北メディアサービス㈱

ⓒ *Hitoshi Ogura 2025*
ISBN 978-4-8171-9813-6
URL https://www.juse-p.co.jp/

　本書の全部または一部を無断でコピー、スキャン、デジタル化などの複製をすることは著作権法上での例外を除き禁じられています。本書を代行業者等の第三者に依頼してスキャンやデジタル化することは、たとえ個人や家庭内での利用でも著作権法違反です。